목적이 이끄는 기독교 기본 교리
(참가자용 상)

국제제자훈련원은 건강한 교회를 꿈꾸는 목회의 동반자로서 제자 삼는 사역을 중심으로
성경적 목회 모델을 제시함으로 세계 교회를 섬기는 전문 사역 기관입니다.

목적이 이끄는 기독교 기본 교리 (참가자용 상)

초판 1쇄 발행 2005년 7월 14일
개정 2판 22쇄(30쇄) 발행 2020년 1월 22일

지은이 새들백교회 톰 할러데이 · 케이 워렌 공저

펴낸이 오정현
펴낸곳 국제제자훈련원
등록번호 제2013-000170호(2013년 9월 25일)
주소 서울시 서초구 효령로68길 98(서초동)
전화 02)3489-4300 **팩스** 02)3489-4329
이메일 dmipress@sarang.org

ISBN 978-89-5731-239-1 03230

※ 책값은 뒤표지에 있습니다. 잘못된 책은 구입하신 곳에서 교환해 드립니다.

목적이 이끄는 기독교 기본 교리

새들백교회의
톰 할러데이 · 케이 워렌 공저

국제제자훈련원

Originally published in the U.S.A. under the title Foundations Participant's Guide
Copyright © 2003 by Tom Holladay and Kay Warren
Zondervan, Grand Rapids, Michigan 49530
Korean Copyright © 2005 by DMI Press
1443-26, Seocho-1dong, Seocho-gu, Seoul 137-865, Korea.

Translated and used by the permission of Zondervan through the arrangement of KCBS Literary Agency, Seoul, Korea.

본 저작물의 한국어판 저작권은 KCBS Literary Agency를 통하여 Zondervan사와 독점 계약한 국제제자훈련원에 있습니다.
신저작권법에 의하여 한국 내에서 보호받는 저작물이므로 무단 전재 및 복제를 금합니다.

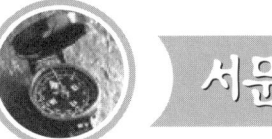  

서문

왜 이 교재를 사용해야 하는가?

노스캘리포니아의 시에라 산맥에 통나무 집을 지은 적이 있다. 10주 동안 허리가 휘어지게 산지를 개간한 후, 내 눈앞에 나타난 것은 사각형의 평평하고 단단한 지반뿐이었다. 나는 실망스러웠지만, 평생 100채 이상의 교회 건물을 지으신 아버지께서는 "얘야, 기운을 내거라! 기초를 놓았으면, 이제 가장 중요한 일은 끝난 거야"라고 말씀하셨다. 나는 그것이 삶의 모든 영역에 적용되는 원리라는 것을 그때 배울 수 있었다. 기초가 감당할 수 있는 것 이상의 건물은 결코 세울 수 없다.

기초가 건물의 크기와 내구성을 결정하며, 그것은 우리의 삶에서도 마찬가지다. 거짓된 기반 위에 세워진 삶은 하나님이 원하시는 높이에 결코 도달할 수 없다. 기초 공사를 날림으로 한다면, 당신의 삶 역시 뻗어 나갈 수 없을 것이다.

그런 이유로 이 교재는 매우 중요하다. 『목적이 이끄는 기독교 기본 교리』는 목적이 이끄는 삶의 성경적 기초가 된다. 당신에 대한 하나님의 목적을 성취하려면, 삶을 변화시키는 이 진리들을 먼저 이해해야만 한다. 이 교재는 이미 새들백교회에서 지난 10년 이상 수천 명의 사람들이 배워 왔으며, 끊임없이 보완되었다. 나는 이 교재를 배우는 과정이 우리 교회에서 가장 중요한 과정이라고 말하곤 한다.

왜 삶에 성경적 기반이 필요한가

- 개인의 성장과 안정을 위해 필요하다. 우리 삶의 매우 많은 문제들이 잘못된 생각에서 시작된다. 그런 이유로 예수님은 진리가 우리를 자유케 할 것이라 말씀하셨고, 골로새서 2장 7절에서 "그(그리스도) 안에 뿌리를 박으며 세움을 받아"라고 말씀하셨다.
- 건강한 가정을 위해 필요하다. 잠언 24장 3절에서 "집은 지혜로 말미암아 건축되고 명철로 말미암아 견고하게 되며"라고 말씀한다. 급변하는 세상 속에서 흔들리지 않는 가정은 하나님의 불변의 진리 기초 위에 세워진다.

서문

- 리더십의 출발점이 된다. 자신이 가 본 곳보다 더 멀리까지 사람들을 인도할 수는 없다. 잠언 16장 12절은 "그(왕의) 보좌가 공의로 말미암아 굳게 섬이니라"라고 말씀한다.
- 천국의 영원한 상급의 근거다. 바울은 "만일 누구든지 … 이 터 위에 세우면 각각 공적이 나타날 터인데 그날이 공적을 밝히리니 … 만일 누구든지 그 위에 세운 공적이 그대로 있으면 상을 받고"(고린도전서 3:12~14)라고 말했다.
- 하나님의 진리만이 영원한 기반이다. 성경은 "바른 말 곧 우리 주 예수 그리스도의 말씀과 경건에 관한 교훈을 따르며"(디모데전서 6:3) "하나님의 견고한 터는 섰으니"(디모데후서 2:19)라고 말씀한다.

예수님은 이 중요한 진리를 설명하시며 산상수훈의 결론을 내리셨다. 두 채의 집이 다른 기초 위에 세워졌다. 모래 위에 세워진 집은 비, 홍수, 바람에 휩쓸려 떠내려가 파괴되었다. 그러나 견고한 반석 위에 세워진 집은 튼튼히 남아 있었다. 예수님은 "그러므로 누구든지 나의 이 말을 듣고 행하는 자는 그 집을 반석 위에 지은 지혜로운 사람 같으리니"(마태복음 7:24)라고 결론을 내리셨다. 유진 피터슨이 의역한 영어 성경인 『MESSAGE』 역에서는 이 뜻을 더 명확하게 보여 주고 있다. "내가 너희에게 하는 이 말은 너희 삶에 도움이 되는 정도의 말이 아니라 … 너희 삶을 세울 기초가 되는 말이다."

나는 이 교재 과정을 더 할 수 없을 만큼 강력히 추천한다. 이 과정은 우리 교회, 우리 교회의 교역자들, 그리고 수천 명의 평신도들의 삶을 변화시켰다. 너무나 많은 사람들이 너무나 오랫동안 우리의 일상생활과 신학은 연관이 없다고 생각하며 살아 왔다. 그러나 이 과정은 바로 그 틀을 깨어버린다. 이 교재는 우리가 믿는 것이 우리가 매일 행동하고 말하는 것의 기초가 되었다는 것을 분명히 보여 준다. 삶을 변화시키는 이 교재를 이제 모든 사람들이 사용할 수 있게 되었다는 사실이 나는 너무 감격스럽다.

-릭 워렌, 새들백교회 담임목사

『목적이 이끄는 삶』 저자

 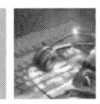 

들어가기 전에

진리가 우리를 자유케 하리라

교리가 딱딱하고 재미없다고 생각하는가? 사실 기독교에서 교리보다 더 신나고 재미있는 것은 없다.

교리란 하나님의 말씀을 연구하는 것이다. 하나님의 말씀은 결코 변하지 않는 진리다. 그리고 진리는 나 자신과 세상에 대해서 올바른 시각을 갖게 해 준다. 따라서 믿음으로 모든 결정을 내릴 수 있게 해 주고 기쁨을 누리게 해 준다. 신나고 즐거운 일이다.

이 교재의 목적은 기독교 신앙의 기본 진리들을 간단명료하고, 체계적이며, 삶에 적용할 수 있도록 가르치는 것이다. 다시 말해, 교리를 가르치려는 것이다. 왜 교리를 배워야 할까? 당장 먹고 살기도 바쁜 이 세상에서 왜 교리를 배워야 하는가? 그 이유는 성경 교리가 우리 앞에 놓인 그 절실한 필요들에 답을 주기 때문이다. 그러므로 개인적인 신앙 생활과 삶을 영위해 나가는 문제를 교리와 상관없는 것으로 보지 말길 바란다. 우리에게는 두 가지 모두 필요하다. 우리 모두는 인생 가운데 만나는 문제와 필요들을 어떻게 해결해야 하는지 배워야 한다. 근심 걱정을 해결하는 한 가지 열쇠는 천국의 소망에 대한 교리를 깨닫고 마음에 두는 것이다. 결혼한 부부라면, 더 나은 결혼 생활에 대해 성경이 무엇이라고 가르치는지 알아야 할 것이다. 동시에 우리 모두는 교리를 더 깊이 이해함으로써, 건강한 관계를 형성하는 기반이 되는 하나님의 사랑을 확신해야 할 것이다. 부모들은 자녀 양육에 대한 성경의 실제적인 가르침을 배워야 한다. 동시에 하나님의 주권, 즉 하나님께서 통치하신다는 사실을 이해해야 할 것이다. 그럼으로써 부모로서 불가피하게 겪게 되는 고비들을 잘 통과해 나갈 수 있게 된다. 교리는 우리의 가장 깊숙한 필요들을 채워 준다.

우리의 옆과 위와 내면을 바라보는 관점을 바꾸어 놓을 성경 공부 과정에 참여하게 된 것을 환영한다. 이 교재의 목표는 기독교 세계관 개발이다. 기독교 세계관은 모든 것을 하나님 관점의 필터로 보는 능력이다. 이 교재를 공부함으로써 다음과 같은 유익을 얻게 될 것이다.

들어가기 전에

- 일상생활의 스트레스가 줄어든다.
- 주님이 당신에게 주신 잠재력을 이끌어내 성장하게 된다.
- 괴로운 이 세상에서 안정감을 찾게 된다.
- 다른 사람들(친구, 가족, 자녀)이 삶에 대해 올바른 관점을 갖도록 도와줄 수 있게 된다.
- 주님과 더 깊은 사랑에 빠진다.

이 교재에는 하나님, 우리, 이 세계에 대한 하나님의 관점을 이해하도록 돕는 다음과 같은 보충 자료들이 들어 있다.

- **짚고 넘어갑시다** : 교리가 사람들을 주눅 들게 하는 한 가지 이유는 어려운 단어들 때문이다. '짚고 넘어갑시다'를 통해 어렵고 거창한 단어들의 의미를 살펴볼 것이다.
- **집중 탐구** : 배운 내용 중에 중요한 부분을 좀더 심도 깊게 들여다보거나 다른 관점에서 보는 시간이다.
- **기억합시다** : 교리적 진리는 우리의 삶에 적용되어야 한다. '기억합시다'에서는 개인의 삶에 적용할 교리를 기억하게 될 것이다.
- **말씀을 삶 속으로** : 야고보서 1장 22절에서는 "너희는 도를 행하는 자가 되고 듣기만 하여 자신을 속이는 자가 되지 말라"고 말씀한다.
- **암송 카드** : 이 교재에서 다루고 있는 열한 가지 핵심 진리 각각에 대한 암송 카드가 뒤에 첨부되어 있다. 각 암송 카드의 한 면에는 열한 가지 교리의 핵심이, 다른 쪽에는 그 교리와 관련된 요절이 있다.
- **토의** : 각 장의 마지막에는 소그룹 안에서 토론할 수 있는 질문들이 있다.

목차

상권

서문	5
들어가기 전에	7
도입	11

1장 성경 I	19
2장 성경 II	31
3장 하나님 I	39
4장 하나님 II	51
5장 예수님 I	65
6장 예수님 II	79
7장 성령 I	95
8장 성령 II	105
9장 창조 I	117
10장 창조 II	133

하권

11장 구원 I	12장 구원 II
13장 성화 I	14장 성화 II
15장 선과 악 I	16장 선과 악 II
17장 죽음, 그 후 I	18장 죽음, 그 후 II
19장 교회 I	20장 교회 II
21장 재림 I	22장 재림 II

적용

도입

> **밭 갈기**
> - 삶을 변화시키는 하나님 말씀의 능력을 믿는다.
> - 교리를 배움으로써 얻게 될 변화를 믿음으로 기대한다.

기독교 세계관 계발하기

"내가 기도하노라 너희 사랑을 지식과 모든 총명으로 점점 더 풍성하게 하사 너희로 지극히 선한 것을 분별하며…"(빌립보서 1:9, 10)

"사랑하는 자들아 너희는 너희의 지극히 거룩한 믿음 위에 자신을 세우며 성령으로 기도하며"(유다서 1:20)

> **짚고 넘어갑시다**
>
> ### 기독교 교리란 무엇인가?
> - 기독교 교리는 삶에서 가장 중요한 문제들에 대해 _____이 가르치는 것을 조직적으로 _____한 것이다.
> - 신학의 실제적인 정의는 이해를 추구하는 _____ 이다.

왜 교리를 배우는가?

하나님에 대한 진리를 아는 것이 _____ 을 더 알게 도와주기 때문에

"우리가 세상의 주인이시며 세상을 다스리시는 하나님을 모른 채 살아가야 한다면 너무 비참할 것이다. 하나님을 모르는 이들에게는 세상은 이해할 수 없고, 미쳐 돌아가며, 고통스러운 장소일 뿐이다."[1]
―제임스 패커

---

1) J.I. Packer, *Truth and Power* (Wheaton, Ill.:Shaw, 1996), 16.

도입

"네 귀를 지혜에 기울이며 네 마음을 명철에 두며 지식을 불러 구하며 명철을 얻으려고 소리를 높이며 은을 구하는 것같이 그것을 구하며 감추어진 보배를 찾는 것같이 그것을 찾으면 여호와 경외하기를 깨달으며 하나님을 알게 되리니"(잠언 2:2~5).

하나님을 아는 것은 당신을 지혜롭게 할 것입니다.
하나님을 아는 것은 당신의 눈을 뜨게 할 것입니다.
하나님을 아는 것은 당신에게 소망을 줄 것입니다.
하나님을 아는 것은 당신이 어려움을 헤쳐 나갈 수 있도록 도울 것입니다.

－케이 워렌

지식은 신앙의 _____ 이기 때문에

"그러므로 우리가 그리스도의 도의 초보를 버리고 죽은 행실을 회개함과 하나님께 대한 신앙과 세례들과 안수와 죽은 자의 부활과 영원한 심판에 관한 교훈의 터를 다시 닦지 말고 완전한 데 나아갈지니라"(히브리서 6:1, 2)

기초가 놓여 있지 않은 삶

"우리가 다 하나님의 아들을 믿는 것과 아는 일에 하나가 되어 온전한 사람을 이루어 그리스도의 장성한 분량이 충만한 데까지 이르리니 이는 우리가 이제부터 어린아이가 되지 아니하여 사람의 속임수와 간사한 유혹에 빠져 모든 교훈의 풍조에 밀려 요동하지 않게 하려 함이라"(에베소서 4:13, 14)

1. "요동치 않게"
   진리를 알지 못하면 나는 _____ 에 밀려다닌다.

2. "모든 교훈의 풍조에 밀려"
   진리를 알지 못하면 나는 _____ 에 속는다.

기초가 놓여 있는 삶

"그러므로 누구든지 나의 이 말을 듣고 행하는 자는 그 집을 반석 위에 지은 지혜로운 사람 같으리니 비가 내리고 창수가 나고 바람이 불어 그 집에 부딪치되 무너지지 아니하나니 이는 주추를 반석 위에 놓은 까닭이요"(마태복음 7:24, 25)

나의 영혼을 살찌우기 위해

"네가 이것으로 형제를 깨우치면 그리스도 예수의 좋은 일꾼이 되어 믿음의 말씀과 네가 따르는 좋은 교훈으로 양육을 받으리라"(디모데전서 4:6)

"때가 오래 되었으므로 너희가 마땅히 선생이 될 터인데 너희가 다시 하나님의 말씀의 초보에 대하여 누구에게서 가르침을 받아야 할 처지이니 단단한 음식은 못 먹고 젖이나 먹어야 할 자가 되었도다 이는 젖을 먹는 자마다 어린아이니 의의 말씀을 경험하지 못한 자요 단단한 음식은 장성한 자의 것이니 그들은 지각을 사용하므로 연단을 받아 선악을 분별하는 자들이니라"(히브리서 5:12~14)

"지금 내가 여러분을 주와 및 그 은혜의 말씀에 부탁하노니 그 말씀이 여러분을 능히 든든히 세우사…"(사도행전 20:32)

다른 사람들을 섬기기 위해

"네가 이것으로 형제를 깨우치면 그리스도 예수의 좋은 일꾼이 되어 믿음의 말씀과 네가 따르는 좋은 교훈으로 양육을 받으리라"(디모데전서 4:6)

"미쁜 말씀의 가르침을 그대로 지켜야 하리니 이는 능히 바른 교훈으로 권면하고 거슬러 말하는 자들을 책망하게 하려 함이라"(디도서 1:9)

> 도입

잘못된 길로 들어서지 않기 위해

"그러므로 너희가 그리스도 예수를 주로 받았으니 그 안에서 행하되 그 안에 뿌리를 박으며 세움을 받아 교훈을 받은 대로 믿음에 굳게 서서 감사함을 넘치게 하라 누가 철학과 헛된 속임수로 너희를 사로잡을까 주의하라 이것은 사람의 전통과 세상의 초등 학문을 따름이요 그리스도를 따름이 아니니라"(골로새서 2:6~8)

"단단한 식물은 장성한 자의 것이니 저희는 지각을 사용함으로 연단을 받아 선악을 분별하는 자들이니라"(히브리서 5:14)

붕괴하는 사회 속에서 어떻게 우리 자신과 자녀들이 든든하게 설 수 있을까? _____ 를 확고히 믿고, 분명히 가르치며, 삶에 적용함으로써 가능하다.

생각이 _____ 을 결정하기 때문에

"대저 그 마음의 생각이 어떠하면 그 위인도 그러한즉 …"(잠언 23:7)

하나님이 명령하셨기 때문에

1. 진리를 _____ .

"너는 진리의 말씀을 옳게 분별하며 부끄러울 것이 없는 일꾼으로 인정된 자로 자신을 하나님 앞에 드리기를 힘쓰라"(디모데후서 2:15)

진리를 앎으로써 진리를 적용할 수 있다.

2. 진리를 _____ .

"주의 진리로 나를 지도하시고 교훈하소서 주는 내 구원의 하나님이시니 내가 종일 주를 기다리나이다"(시편 25:5)

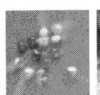

"…나 바울이 사도 된 것은 하나님이 택하신 자들의 믿음과 경건함에 속한 진리의 지식…(을 인함이라)"(디도서 1:1)

3. 진리를 _____ .

"너희 마음에 그리스도를 주로 삼아 거룩하게 하고 너희 속에 있는 소망에 관한 이유를 묻는 자에게는 대답할 것을 항상 준비하되 온유와 두려움으로 하고"(베드로전서 3:15)

주의: 지식을 아는 것만으로는 매우 위험할 수 있다

지식은 _____ 과 균형을 이루어야 한다.

"내가 기도하노라 너희 사랑을 지식과 모든 총명으로 점점 더 풍성하게 하사 너희로 지극히 선한 것을 분별하며 또 진실하여 허물없이 그리스도의 날까지 이르고"(빌립보서 1:9, 10)

분별을 결여한 지식 : 이러한 지식은 이론적일 뿐이다. 한 사람이나 한 집단의 견해에 치우친 지식만을 고집한다.

지식은 _____ 와 균형을 이루어야 한다.

"오직 우리 주 곧 구주 예수 그리스도의 은혜와 그를 아는 지식에서 자라 가라…"(베드로후서 3:18)

은혜를 결여한 지식 : 하나님과의 친밀한 관계를 회복하지 않으면서 하나님에 대해 배우기만 하는 것은 율법주의로 귀결된다.

> **도입**

지식은 _____ 과 균형을 이루어야 한다.

"내가…모든 비밀과 모든 지식을 알…지라도 사랑이 없으면 내가 아무것도 아니요"(고린도전서 13:2)

"…지식은 교만하게 하며 사랑은 덕을 세우나니"(고린도전서 8:1)

사랑을 결여한 지식 : 이러한 지식은 이웃을 품지 못한다. 지식의 성장이 교만을 부를 뿐이다.

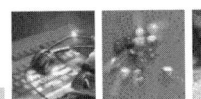

Q 토의

1. 처음 모인 시간인 만큼 몇 분 동안 서로를 알아 가는 시간을 갖자. 자기 소개, 이 과정을 시작하면서 갖게 된 기대 등을 나누어 보자.

2. 언제 처음 당신의 삶에 말씀이 필요하다고 느끼게 되었는가? 진리를 앎으로 인해 정말 큰 도움을 얻었던 때에 대해 이야기해 보라.
   - 말씀이 어떻게 하나님과 당신의 관계를 도와주었는가?
   - 말씀이 어떻게 올바른 결정을 내리도록 도와주었는가?
   - 말씀이 어떻게 하나님과 사람들을 더 잘 섬길 수 있게 해 주었는가?
   - 말씀이 어떻게 시련이나 유혹의 시간에 당신에게 힘이 되었는가?
   - 말씀이 어떻게 당신의 삶에 자유함을 주었는가?

3. 교리가 이렇게 중요한데도, 왜 그렇게 많은 사람들이 교리를 가르치려 하지 않는 것일까? 왜 사람들은 교리를 지루하고 율법적인 것이라고만 생각하는 것일까?

4. 어떻게 해야 지식의 균형을 잃지 않을 수 있을지 토론해 보자. 다른 사람들이 어떻게 해야 한다고만 말하지 말고, 당신이 할 수 있는 것을 이야기해 보라. 당신과 당신이 속한 그룹이 지식과 사랑, 은혜, 분별의 균형을 잃지 않도록 도와줄 수 있는 두세 가지 구체적인 방법을 찾아보자.

도입

 빈 칸에 알맞은 단어

성경, 요약   행동
믿음   배우라
하나님   행하라
기초   전하라
상황   분별
거짓 가르침   은혜
진리   사랑

1장 성경 I

밭 갈기 — 하나님의 말씀인 성경을 당신의 감정, 가치, 의견, 문화보다 더 신뢰하게 된다.

성경을 형성하는 세 가지 요소

계시

계시란 하나님께서 성경을 통해 하나님 자신과 하나님의 뜻을 보여 주시는 것을 의미한다. 성경이 씌어진 것은 하나님께서 어떤 분이시며 우리가 어떠하기를 원하시는지 보여 주기 위해서다. 하나님을 이해하기 위해서는, 하나님이 우리에게 자신을 계시하셔야만 한다.

"이같이 내가 여러 나라의 눈에 내 위대함과 내 거룩함을 나타내어 나를 알게 하리니 내가 여호와인 줄을 그들이 알리라"(에스겔 38:23)

영감

영감은 하나님께서 우리에게 성경을 주신 과정이다. 하나님은 인간인 성경 기자들의 마음에 역사하고 영감을 주셔서 하나님의 말씀을 기록하게 하셨다. 그 사람들을 통해 기록된 하나님의 말씀은 완전하고, 무오하고, 신뢰할 수 있다.

"모든 성경은 하나님의 감동으로 된 것으로 교훈과 책망과 바르게 함과 의로 교육하기에 유익하니"(디모데후서 3:16)

성경 I

조명

조명은 우리가 성경을 읽을 때 말씀에 빛을 비추는 성령의 역사다. 조명이 없이는 성경을 이해할 수 없다.

"이에 그들의 마음을 열어 성경을 깨닫게 하시고"(누가복음 24:45)

다음 장에서 조명에 대해 더 자세히 배우게 될 것이다. 이번 장에서는 하나님의 말씀의 계시와 영감에 관련된 세 가지 중요한 질문을 살펴보자.

성경이 하나님의 말씀이라는 것을 어떻게 알 수 있는가?

첫째 : 성경의 역사적 사실성을 증명하는 외적 증거

- 많은 사본들, 신약 원본과 첫 번째 사본 사이의 짧은 시간

  "신약 성경에 대한 증거는 엄청나게 많다. 비교하고 정보를 얻을 수 있는 사본이 5,366가지나 되며, 그중에는 2, 3세기에 제작된 것들도 있다. 고대 그리스의 가장 유명한 책인 호머의 『일리아드』도 사본이 643개뿐이다. 줄리어스 시저의 『갈리아 정복기』가 역사적인 기록물이라는 사실을 의심하는 사람은 아무도 없지만, 그 책의 사본은 열 개뿐이며 가장 초기의 사본들조차 원본이 기록된 지 1,000년 후에나 만들어졌다. 신약 성경의 사본이 그렇게 많고 원본이 씌어진 지 70년 안에 첫 사본이 만들어졌다는 것은 놀라운 사실이다."[1]

  −노먼 가이슬러

---

1) Norman L. Geisler and Ronald M. Brooks, *When Skeptics Ask* (Wheaton, Ill.:Victor, 1990), 159−60.

왜 하나님은 우리에게 성경 원본을 허락하지 않으셨을까? 그 이유 중 하나는 아마 우리가 하나님의 살아 있는 말씀을 읽고 따르는 대신, 그 귀한 책을 모셔 놓고 숭배할 수 있었기 때문일 것이다.

- 성경 사본을 만드는 과정
- 장소와 연대에 대한 고고학자들의 연구

　"지속적인 연구를 통해 성경에 등장하는 온갖 세부적인 내용들이 얼마나 정확한지 증명되었으며, 역사적 자료로서의 성경의 가치가 인정되었다."[2]
　　　　　　　　　　　　　　　　　　　-윌리엄 F. 올브라이트

둘째 : 성경의 신실성을 증명하는 내적 증거

- 성경 내용의 대부분은 직접적인 목격자들의 진술이다.
- 성경 전체의 놀라운 일치와 일관성

　"성경은 1,500여 년 동안, 바벨론으로부터 로마에 이르는 다양한 장소에서 씌어졌다. 저자는 40명 이상으로서 왕, 소작농, 시인, 목축업자, 어부, 과학자, 농장주, 제사장, 목자, 장막 만드는 사람, 관리 등 다양한 신분을 가지고 있었다. 또 광야, 동굴, 감옥과 궁궐, 외로운 섬과 전쟁터 등에서 씌어졌다. 그럼에도 불구하고 성경은 수백 가지 주제들에 대해 시종 일관된 입장을 취하고 있으며, 신뢰성을 갖는다. 그리고 처음부터 끝까지 예수 그리스도를 통한 하나님의 인간 구원이라는 한 가지를 이야기하고 있다. 어떤 사람이라도 결코 이런 책을 지어내 쓸 수는 없을 것이다."[3]
　　　　　　　　　　　　　　　　　　　　　　-조시 맥도웰

---

2) William E. Albright, *The Archaeology of Palestine*, (Harmondsworth, Middlesex:Pelican, 1990), 127.
3) Josh McDowell, *Evidence That Demands a Verdict* (San Bernardino, Calif.:Here's Life Publishers, 1972), 19~20.

성경 I

집중 탐구	**무엇이 다른가?**
성경은 신약 성경만도 2만 4,000가지 번역본이 있으며, 수십 억의 사람들이 그 번역본을 읽어 왔다. 수천 명의 학자들이 이 성경을 번역했다.	**몰몬경**은 한 원본을 보고 번역한 것이라고 하는데, 번역한 사람은 언어 전문가가 아닌 조셉 스미스라는 사람이다. 원본은 "회수"되었다고 하며, 원본의 사본 역시 없다.
성경은 40명 이상의 저자들이 50세대와 3대륙에 걸쳐서 기록했다. 믿음과 교리에 관한 모든 내용이 완전하게 일치한다.	**코란**은 모하메드 한 사람의 저서로서, 한 장소에서 단기간에 만들어졌다. 신구약 성경의 역사적인 기록과 여러 부분에서 다르다.
성경은 인간의 죄 문제에 대한 하나님의 분명한 해결책을 제시하며, 실제 역사 속에서 이루어진 하나님의 구속사에 초점을 맞춘다.	**힌두교**의 경전은 모든 길이 같은 지점으로 이어진다고 주장하며 "천계"에서 일어난 이야기들에 초점을 맞춘다.

셋째 : 성경의 능력을 증명하는 개인적 증거

성경은 세계적인 베스트셀러다. 성경은 제일 처음 인쇄된 책이었으며 (구텐베르크 성경), 1,300개 이상의 언어로 번역되었다.
성경 말씀을 통해 수억 이상의 사람들의 삶이 변화되었다.
그러나 기억하라. 변화된 개인의 간증 역시 성경이 하나님의 말씀이라는 네 가지 증거 중 하나일 뿐이다.

넷째 : _____ 은 성경이 하나님께로부터 왔다고 말씀하셨다.

1. 예수님은 성령이 성경의 _____ 라고 인정하셨다.

   "가라사대 그러면 다윗이 성령에 감동하여 어찌 그리스도를 주라 칭하여 말하되 주께서 내 주께 이르시되 내가 네 원수를 네 발 아래 둘 때까지

session 1

내 우편에 앉았으라 하셨도다 하였느냐"(마태복음 22:43, 44)

2. 예수님은 성경을 _____ 있는 책으로 인용하셨다.

"예수께서 대답하여 이르시되 너희가 성경도, 하나님의 능력도 알지 못하는 고로 오해하였도다"(마태복음 22:29)

"예수께서 이르시되 오히려 하나님의 말씀을 듣고 지키는 자가 복이 있느니라 하시니라"(누가복음 11:28)

3. 예수님은 성경의 유일무이함을 선언하셨다.

"진실로 너희에게 이르노니 천지가 없어지기 전에는 율법의 일점 일획도 결코 없어지지 아니하고 다 이루리라"(마태복음 5:18)

"성경은 폐하지 못하나니 하나님의 말씀을 받은 사람들을 신이라 하셨거든"(요한복음 10:35)

4. 예수님은 성경을 "_____"으로 부르셨다.

"너희가 전한 전통으로 하나님의 말씀을 폐하며 또 이같은 일을 많이 행하느니라 하시고"(마가복음 7:13)

5. 예수님은 성경의 인물과 지명들이 실제라고 믿으셨다.

- 예수님은 _____ 들의 존재를 믿으셨다. (마태복음 22:40; 24:15)
- 예수님은 _____ 의 존재를 믿으셨다. (누가복음 17:26)
- 예수님은 _____ 과 _____ 의 존재를 믿으셨다. (마태복음 19:4)
- 예수님은 _____ 과 _____ 의 존재를 믿으셨다. (마태복음 10:15)
- 예수님은 _____ 의 존재를 믿으셨다. (마태복음 12:40)

성경 I

성경이 하나님이 주신 정확한 책인지 어떻게 아는가?

_____ 의 증거

- 예수님은 구약의 '정경'을 인정하셨다. 정경(正經, canon)이라는 단어는 성경으로 구별된 책들을 가리킨다.

    "또 이르시되 내가 너희와 함께 있을 때에 너희에게 말한바 곧 모세의 율법과 선지자의 글과 시편에 나를 가리켜 기록된 모든 것이 이루어져야 하리라 한 말이 이것이라 하시고"(누가복음 24:44)

- 베드로는 신약 정경의 일부분을 인정했다.

    "또 그 모든 편지에도 이런 일에 관하여 말하였으되 그 중에 알기 어려운 것이 더러 있으니 무식한 자들과 굳세지 못한 자들이 다른 성경과 같이 그것도 억지로 풀다가 스스로 멸망에 이르느니라"(베드로후서 3:16)

- 바울은 한 성경 구절에서 구약과 신약의 _____ 영감을 인정했다.

    "성경에 일렀으되 곡식을 밟아 떠는 소의 입에 망을 씌우지 말라 하였고 또 일꾼이 그 삯을 받는 것은 마땅하다 하였느니라"(디모데전서 5:18)

여기서 바울은 구약의 신명기 25장 4절과 신약의 누가복음 10장 7절을 동시에 인용하며, 두 구절 모두를 성경이라고 부르고 있다.

session 1

교회의 역사

신약 정경에 포함된 책들은 세 가지를 근거로 구별되었다.

1. _____ 의 권위

신약 성경은 직접 목격한 자들의 진술이라는 권위가 있다. 예를 들어, 복음서를 기록한 마태는 사도였고, 마가는 베드로가 경험한 일을 옮겨 적었고, 누가는 바울의 친구였고, 요한은 사도였다.

2. _____ 의 가르침

3. _____ 의 확인

신약 성경의 책들이 몇 사람들로 구성된 위원회 같은 것에 의해 선택되었다고 생각하는 사람들이 많은데, 그것은 사실이 아니다. 물론 일종의 위원회에서 신약 성경의 책들을 정경으로 인정했지만(A.D. 400년경), 그것은 교회가 이미 300년 동안 그 책들을 성경으로 사용해 온 후에 이루어진 과정이었다. 위원회가 그 책들을 공인한 것은 성경에 다른 책들을 추가하려고 시도하는 거짓 교사들에게 대응하기 위해서였다.

하나님의 능력

> "풀은 마르고 꽃은 시드나 우리 하나님의 말씀은 영원히 서리라 하라"(이사야 40:8)

우리가 보고 있는 성경이 하나님이 주신 책이 확실하다는 것은 하나님의 _____을 보아 알 수 있다. 하나님은 영원히 변치 않을 것이라 하신 말씀이 빠지거나 잘못 전해지도록 놔두지 않으셨을 것이다.

성경 I

성경이 영감으로 되었다는 말은 무슨 의미인가?

짚고 넘어갑시다

영감

영감으로 되었다는 것은 헨델이 오라토리오 「메시아」를 작곡했을 때처럼 열정적으로 기록했다는 정도의 단순한 의미가 아니다. 또한 뛰어난 문학 작품처럼 감동적이라는 의미도 아니다. 이것은 기록하는 과정에 하나님이 직접 개입하여 간섭하셨다는 뜻이다. 따라서 우리는 성경에 기록된 글을 하나님의 말씀이라고 믿을 수 있는 것이다.[4]

-노먼 가이슬러

영감은 하나님께서 _____ 을 통해 성경을 쓰셨다는 것을 의미한다.

"예언은 언제든지 사람의 뜻으로 낸 것이 아니요 오직 성령의 감동하심을 받은 사람들이 하나님께 받아 말한 것임이라"(베드로후서 1:21)

영감은 성령께서 _____ 가 되신다는 것을 의미한다.

"형제들아 성령이 다윗의 입을 통하여 예수 잡는 자들의 길잡이가 된 유다를 가리켜 미리 말씀하신 성경이 응하였으니 마땅하도다"(사도행전 1:16)

"…성령이 선지자 이사야를 통해 너희 조상들에게 말씀하신 것이 옳도다"(사도행전 28:25)

"여호와의 영이 내게 임하여 이르시되…"(에스겔 11:5)

session 1

이해해야 할 두 가지 중요 단어

- 축자(Verbal) : 하나님은 개념만이 아니라, _____ 에 영감을 부여하셨다.

예수님은 "주"(Lord)라는 단어를 근거로 이 사실을 논증하셨다(마태복음 5:18, 22:43, 44).

- 완전(Plenary) : 하나님은 일부만이 아닌, _____ 에 영감을 부여하셨다(디모데후서 3:16).

"하나님의 도는 완전하고 여호와의 말씀은 순수하니 그는 자기에게 피하는 모든 자의 방패시로다"(시편 18:30)

만일 복음 중에서 마음에 드는 것만 믿고 맘에 들지 않는 것은 믿지 않는다면, 당신은 복음을 믿는 것이 아니라 당신 자신을 믿는 것이다.
－아우구스티누스

영감은 하나님의 말씀이 우리의 _____ 라는 것을 의미한다.

"청년이 무엇으로 그의 행실을 깨끗하게 하리이까 주의 말씀만 지킬 따름이니이다"(시편 119:9)

"여호와의 말씀은 정직하며 그가 행사하시는 일은 다 진실하시도다"(시편 33:4)

- 영감설을 이해하면 성경에 대한 _____ 이 커진다.

- 영감설을 신뢰하는 것은 나 자신의 _____, _____, _____, _____ 이 아니라 하나님의 말씀을 신뢰하는 것이다.

성경 I

내 감정, 내 경험, 다른 사람들의 말, 내 판단과 성경 말씀이 다를 때에는 무조건 성경이 옳은 것이다.

> **말씀을 삶 속으로 | 성경을 어떻게 대해야 할까?**
>
> 성경은 우리에게 하나님을 보여 준다. 이러한 성경 앞에 우리는 어떤 삶의 자세를 가져야 할까?
> - 경외함(시편 119:120)
> - 즐거움(시편 1:2)
> - 귀하게 여김(시편 119:72)
> - 감사(시편 119:62)
> - 기쁨(시편 119:111)
> - 사랑(시편 119:47, 97)
> - 순종(신명기 5:32; 야고보서 1:22; 요한복음 14:15)
>
> 다음 장을 시작하기 전에 위의 구절들을 찾아 보며 경건의 시간을 가지라. 그 성경 구절들을 읽어 볼 뿐 아니라, 그 말씀대로 해 보라. 우리가 하나님의 말씀을 얼마나 귀하게 여기는지 하나님께 말씀드리는 이 간단한 행동을 통해 우리의 믿음은 놀랍게 성장할 수 있다.

암송 카드 1번, '성경'을 암송하라.

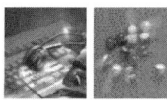

Q 토의

1. 서로를 알아 가기 위해 간단한 라이프 스토리를 나누는 시간을 가져 보자.

   태어난 곳 :
   고등학교 때 좋아했던 과목 :
   어릴 때 좋아했던 TV 프로그램 :
   어릴 때 좋아했던 과자 :
   첫 직업 :

2. 성경에서 좋아하는 구절이 있는가? 무엇이며, 그 이유는?

3. 성경이 당신의 삶에 영향을 미쳤던 시기 혹은 사건에 대해 나눠 보자.

4. 성경이 역사적으로 근거 있는 책인지에 대해 우리가 짚고 넘어가야 하는 이유는 무엇일까?

5. 성경을 읽으면서 성경이 완전무결하고 영원한 책이라는 증거를 어디에서 보았는가?

6. 다음을 위해 노력해 본 예가 있다면 나눠 보자.

   내 감정보다 하나님의 말씀을 신뢰하기 위해
   내 가치관보다 하나님의 말씀을 신뢰하기 위해
   내 생각보다 하나님의 말씀을 신뢰하기 위해
   내 환경보다 하나님의 말씀을 신뢰하기 위해

7. 성경을 하나님의 말씀으로 신뢰하는 것은 우리의 감정을 초월하는 일이라는 것을 알도록 오늘 수업이 어떻게 도와주었는가? 우리가 배운 어떤 진리들이 성경의 경이로움과 신뢰성을 알게 해 주는 데 가장 설득력이 있었는가?

성경 I

 빈 칸에 알맞은 단어

예수님	사도
저자	진리
권위	교회
하나님의 말씀	신실성
선지자들	사람들
노아	저자
아담, 하와	단어들
소돔, 고모라	성경 전체
요나	최종 권위
성경	확신
동일한	감정, 가치관, 생각, 환경

2장 성경 II

밭 갈기 | 하나님이 우리에게 성경을 이해하는 능력을 주셨음을 확신하고 잊지 않는다.

- 계시, 영감, 조명이라는 세 단어를 기억하자.
- 계시는 끝났다(히브리서 1:1, 2).
- 영감도 끝났다(베드로전서 1:10~12).
- 조명은 지금도 진행 중이다.

"주께서 나의 등불을 켜심이여 여호와 내 하나님이 내 흑암을 밝히시리이다"(시편 18:28)

"주의 말씀은 내 발에 등이요 내 길에 빛이니이다"(시편 119:105)

짚고 넘어갑시다

조명

조명은 성령의 초자연적 영향력이나 사역으로서, 그리스도를 믿는 모든 사람들이 성경을 이해할 수 있게 해 주는 능력이다. 이렇게 생각해 보자. 하나님은 오래 전부터 계시와 영감으로 그분의 말씀의 빛을 이 세상에 비추고 계셨다. 그러나 조명을 통해 우리 눈을 가린 것이 벗겨지고 나서야, 우리는 그 빛을 비로소 볼 수 있게 되었다.

성도의 삶에 조명이 이뤄지려면 네 가지가 필요하다.

성경 II

하나님의 말씀을 _____ 사랑하라

"내가 주의 법을 어찌 그리 사랑하는지요 내가 그것을 종일 작은 소리로 읊조리나이다" (시편 119:97)

"그러므로 내가 주의 계명들을 금 곧 순금보다 더 사랑하나이다" (시편 119:127)

"지식을 불러 구하며 명철을 얻으려고 소리를 높이며 은을 구하는 것같이 그것을 구하며 감추어진 보배를 찾는 것같이 그것을 찾으면 여호와 경외하기를 깨달으며 하나님을 알게 되리니 대저 여호와는 지혜를 주시며 지식과 명철을 그 입에서 내심이며" (잠언 2:3~6)

성경은 어떤 속성을 통해 우리의 삶을 변화시키는가?

1. _____

"너희가 거듭난 것은 썩어질 씨로 된 것이 아니요 썩지 아니할 씨로 된 것이니 살아 있고 항상 있는 하나님의 말씀으로 되었느니라" (베드로전서 1:23)

2. 검

"구원의 투구와 성령의 검 곧 하나님의 말씀을 가지라" (에베소서 6:17)

"하나님의 말씀은 살아 있고 활력이 있어 좌우에 날선 어떤 검보다도 예리하여 혼과 영과 및 관절과 골수를 찔러 쪼개기까지 하며 또 마음의 생각과 뜻을 판단하나니" (히브리서 4:12)

에베소서에 나와 있듯이 우리는 검을 손에 들고 원수를 막는다. 그리고 히브리서에서 말하듯, 하나님은 손에 검을 들고 우리의 삶을 찔러 쪼개신다.

3. _____

"만군의 하나님 여호와시여 나는 주의 이름으로 일컬음을 받는 자라 내가 주의 말씀을 얻어먹었사오니 주의 말씀은 내게 기쁨과 내 마음의 즐거움이오나"(예레미야 15:16)

"예수께서 대답하여 이르시되 기록되었으되 사람이 떡으로만 살 것이 아니요 하나님의 입으로부터 나오는 모든 말씀으로 살 것이라 하였느니라 하시니"(마태복음 4:4)

"갓난아기들같이 순전하고 신령한 젖을 사모하라 이는 그로 말미암아 너희로 구원에 이르도록 자라게 하려 함이라"(베드로전서 2:2)

4. 불과 방망이

"여호와의 말씀이니라 내 말이 불같지 아니하냐 반석을 쳐서 부스러뜨리는 방망이 같지 아니하냐"(예레미야 23:29)

5. 거울

"누구든지 말씀을 듣고 행하지 아니하면 그는 거울로 자기의 생긴 얼굴을 보는 사람과 같아서 제 자신을 보고 가서 그 모습이 어떠했는지를 곧 잊어버리거니와 자유롭게 하는 온전한 율법을 들여다보고 있는 자는 듣고 잊어버리는 자가 아니요 실행하는 자니 이 사람은 그 행하는 일에 복을 받으리라"(야고보서 1:23~25)

하나님의 말씀을 _____ 이해하라

모든 성도들에게 해당하는 두 가지 사실

1. 성령께서 성경을 _____할 수 있게 하신다.

성경 II

"우리가 세상의 영을 받지 아니하고 오직 하나님으로부터 온 영을 받았으니 이는 우리로 하여금 하나님께서 우리에게 은혜로 주신 것들을 알게 하려 하심이라 우리가 이것을 말하거니와 사람의 지혜의 가르친 말로 아니하고 오직 성령께서 가르치신 것으로 하니 영적인 일은 영적인 것으로 분별하느니라 육에 속한 사람은 하나님의 성령의 일들을 받지 아니하나니 이는 그것들이 그에게는 어리석게 보임이요, 또 그는 그것들을 알 수도 없나니 그러한 일은 영적으로 분별되기 때문이라 신령한 자는 모든 것을 판단하나 자기는 아무에게도 판단을 받지 아니하느니라"(고린도전서 2:12~15)

"그러나 진리의 성령이 오시면 그가 너희를 모든 진리 가운데로 인도하시리니…"(요한복음 16:13)

2. 성령께서 성경을 이해할 _____ 을 나에게 맡기신다.

"너희는 거룩하신 자에게서 기름부음을 받고 모든 것을 아느니라 …너희는 주께 받은바 기름부음이 너희 안에 거하나니 아무도 너희를 가르칠 필요가 없고 오직 그의 기름부음이 모든 것을 너희에게 가르치며 또 참되고 거짓이 없으니 너희를 가르치신 그대로 주 안에 거하라"(요한일서 2:20, 27)

하나님의 말씀을 _____ 하게 다루라

"너는 진리의 말씀을 옳게 분별하며 부끄러울 것이 없는 일꾼으로 인정된 자로 자신을 하나님 앞에 드리기를 힘쓰라"(디모데후서 2:15).

말씀 공부의 일곱 가지 규칙

규칙 1 : 믿음과 성령이 함께 해야 제대로 해석할 수 있다.

규칙 2 : 성경으로 성경을 해석한다.
　　적용 : 관주를 공부한다.

규칙 3 : _____ 의 빛으로 구약을 이해한다.
　　예 : 구약의 율법

규칙 4 : _____ 본문에 비추어 불분명한 본문을 이해한다.
　　예 : "만일 죽은 자들이 도무지 다시 살아나지 못하면 죽은 자들을 위하여 세례를 받는 자들이 무엇을 하겠느냐…"(고린도전서 15:29)

규칙 5 : 단어와 문장을 _____ 에 비추어 이해한다.
　　예 : "…평안히 쉬고 먹고 마시고 즐거워하자…"(누가복음 12:19)

규칙 6 : _____ 본문에 비추어 역사적 본문을 해석한다.
　　예 : "(왕 된 자는) 아내를 많이 두어 그의 마음이 미혹되게 하지 말 것이며…"(신명기 17:17)

　　　"새벽 아직도 밝기 전에 예수께서 일어나 나가 한적한 곳으로 가사 거기서 기도하시더니"(마가복음 1:35)

규칙 7 : 성경의 빛에 비추어 개인적 경험을 이해한다.
　　예 : "…아무에게든지 아무 빚도 지지 말라…"(로마서 13:8)

성경 II

하나님의 말씀을 _____ 연구하라

어떻게 해야 하나님의 말씀을 평생 공부하겠다고 결단할 수 있을까?

1. 주님의 말씀을 믿고, 그 말씀에 따라 살겠다고 주님 앞에서 서원하라.

   "이 모든 일에 전심전력하여 너의 성숙함을 모든 사람에게 나타나게 하라 네가 네 자신과 가르침을 살펴 이 일을 계속하라…"(디모데전서 4:15, 16)

2. 하나님의 말씀을 연구하고 답을 찾는 열심을 내라.

   "베뢰아에 있는 사람들은 데살로니가에 있는 사람들보다 더 너그러워서 간절한 마음으로 말씀을 받고 이것이 그러한가 하여 날마다 성경을 상고하므로"(사도행전 17:11)

3. 하나님의 말씀으로부터 배운 것을 다른 사람들과 나누라.

   "그리스도의 말씀이 너희 속에 풍성히 거하여 모든 지혜로 피차 가르치며…"(골로새서 3:16)

4. 공부하면서 배운 것을 행하라.

   "너희는 말씀을 행하는 자가 되고 듣기만 하여 자신을 속이는 자가 되지 말라"(야고보서 1:22)

암송 카드 1번, '성경'을 암송하라.

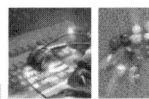
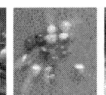

Q 토의

1. 말씀을 간절히 사모하게 되었던 경험을 나눠 보라. 어떤 종류의 경험이 특히 말씀을 사모하게 만드는가? 성경이 보배라는 진리를 언제 가장 깊이 느끼게 되는가?

2. 다음 질문들에 대해 나눠 보자.
   성경이 내게 씨와 같았던 때는…
   성경이 내게 검과 같았던 때는…
   성경이 내게 식물(양식)과 같았던 때는…
   성경이 내게 방망이와 같았던 때는…
   성경이 내게 불과 같았던 때는…
   성경이 내게 거울과 같았던 때는…

3. 성령은 우리가 하나님의 말씀을 이해할 수 있도록 도우신다. 요한은 "아무도 너희를 가르칠 필요가 없고"라고 말한다. 그러나 또 신약 성경은 가르침과 설교의 은사를 가진 자들을 존경하라고 말한다. 왜 교회에 교사가 필요한가? 이 두 가지 진리가 어떻게 동시에 성립될 수 있을까?

4. 말씀 공부의 일곱 가지 규칙 중에서 어느 것을 그리스도인들이 가장 자주 어긴다고 생각하는가? 어떻게 해야 성경을 정확하게 공부하고 해석해야 한다는 사실을 잊지 않을 수 있을까?

성경 II

참고 도서  맥스 앤더스, 『30일 성경 맥잡기』(기독교문사 역간)
폴 리틀, 『이것을 믿는다』(생명의말씀사 역간)
헨리에타 미어즈, 『(미어즈)성경핸드북』(아가페 역간)

A. 빈 칸에 알맞은 단어

깊이
씨
식물(食物)
영적으로
이해
책임

정확
신약
분명한
문맥
교리적
부지런히

3장 하나님 I

밭 갈기
- 아버지 하나님의 사랑을 더 깊이 느낀다.
- 하나님이 내 아버지시라는 사실로 인해 다른 삶을 살게 된다.

하나님을 생각할 때 우리의 마음에 무엇이 떠오르느냐가 가장 중요하다.[1]
— A.W. 토저

당신이 이해할 수 있다면, 그분은 이미 하나님이 아니다.
— 아우구스티누스

하나님이 어떤 분이신지 공부하기 전에, 세 가지 진리를 먼저 기억하자.
1. 하나님은 실재하신다.
2. 하나님은 계시하신다.
3. 하나님은 관계적이시다.

하나님은 실재하신다

하나님은 동화나 이야기 속의 등장인물이 아니다. 그분은 우리가 지금 살아 있는 것처럼 실재하신다.

하나님이 실제로 존재하시는 것을 어떻게 아는가?

1. 하나님께서 만드신 것들에서 _____의 솜씨를 본다(창세기 1:1; 로마서 1:19, 20; 사도행전 14:16, 17).

---

[1] A.W. 토저, 『하나님을 추구함』(생명의말씀사 역간)

하나님 I

"하늘이 하나님의 영광을 선포하고 궁창이 그의 손으로 하신 일을 나타내는도다 날은 날에게 말하고 밤은 밤에게 지식을 전하니"(시편 19:1, 2)

2. 인간의 역사 속에서 하나님의 _____ 을 본다.

"인류의 모든 족속을 한 혈통으로 만드사 온 땅에 살게 하시고 그들의 연대를 정하시며 거주의 경계를 한정하셨으니 이는 사람으로 혹 하나님을 더듬어 찾아 발견하게 하려 하심이로되 그는 우리 각 사람에게서 멀리 계시지 아니하도다"(사도행전 17:26, 27)

3. 우리의 삶 속에서 하나님의 _____ 를 본다.

열왕기상 18장 24~39절의 갈멜산에서 엘리야가 거짓 선지자들과 싸운 이야기를 살펴보자.

 집중 탐구 | 하나님은 어떤 모습이신가?

성경은 아무도 하나님을 실제로 보지 못했다고 말씀한다(요한복음 1:18). 하나님은 영이시다(시편 139:7~12; 요한복음 4:24). 하나님은 보이지 않으신다(요한복음 1:18; 골로새서 1:15; 히브리서 11:27). 우리는 사람이 "하나님의 형상대로 만들어졌다"는 이야기를 들을 때마다 하나님도 우리처럼 두 팔과 두 다리가 있으실 것이라고 상상하곤 한다. 얼마나 엉뚱한 생각인가! 온 우주에 충만하신 하나님이 사람의 모습일 수 없다는 것은 분명하다. 성경에서 하나님의 "강한 팔"이나 "날개 그늘"이라고 말하는 것은 문자 그대로의 묘사가 아니라 하나님께서 우리와 어떻게 관계하시는지 보여 주는 은유일 뿐이다.

session 3

하나님은 계시하신다

우리가 하나님을 찾아내는 것이 아니고, 하나님이 우리에게 _____계시하신다(창세기 35:7; 시편 98:2).

1. 하나님은 그 분의 _____를 통해 우리에게 자신을 계시하신다.

    "창세로부터 그의 보이지 아니하는 것들 곧 그의 영원하신 능력과 신성이 그 만드신 만물에 분명히 보여 알려졌나니 그러므로 그들이 핑계하지 못할지니라"(로마서 1:20)

2. 하나님은 그 분의 _____을 통해 우리에게 자신을 계시하신다.

    "먼저 알 것은 성경의 모든 예언은 사사로이 풀 것이 아니니 예언은 언제든지 사람의 뜻으로 낸 것이 아니요 오직 성령의 감동하심을 받은 사람들이 하나님께 받아 말한 것임이라"(베드로후서 1:20, 21)

3. 하나님은 그 분의 _____을 통해 우리에게 자신을 계시하신다.

    "본래 하나님을 본 사람이 없으되 아버지 품속에 있는 독생하신 하나님이 나타내셨느니라"(요한복음 1:18)

예수님은 우리가 하나님의 계시를 깨닫게 하시려고 이 땅에 오셨다(요한일서 5:20). 예수님이 아버지를 우리에게 계시하신 것이다(마태복음 11:27). 하나님은 여러 방법으로 자신을 계시하셨지만, 완성된 말씀이자 가장 분명한 계시는 예수님이었다(히브리서 1:1, 2).

갤럽 조사에 의하면 미국인의 96%가 변함없이 하나님의 실재를 믿고 있다고 한다. 하지만 우리에게 중요한 것은 하나님이 살아 계시느냐 아

하나님 I

니냐가 아니라, 그분이 어떤 하나님이시며 예수님께서 하나님에 대해 무엇을 보여 주셨는지 아는 것이다.

하나님은 관계적이시다

하나님에 대해 사람들이 흔히 갖고 있는 일반적인 생각과, 진정한 하나님의 본질에 대해 성경이 말씀하고 있는 내용을 비교하며 살펴보자.

하나님에 대한 몇 가지 진실

일반적인 생각 : 하나님은 멀리 계신다.

진실 : 하나님은 _____ 계신다(시편 139:7~12; 야고보서 4:8).

일반적인 생각 : 하나님은 멀리서 우리의 행동을 지켜보신다.

진실 : 하나님은 우리 삶의 모든 세부사항에 _____ 관여하신다 (마태복음 6:25~30; 누가복음 12:6, 7).

일반적인 생각 : 하나님은 죄 짓는 사람들을 벌하기를 좋아하신다.

진실 : 하나님은 모든 사람을 _____ 하시기 위해 기다리신다 (요한복음 3:17).

일반적인 생각 : 하나님은 세상의 악은 해결하실 수 없으시거나 관심이 없으시다.

진실 : 하나님이 악한 세상을 놔두시는 것은 더 많은 사람들이 그 세상으로부터 구원받도록 하기 위함이다(베드로후서 3:8, 9).

 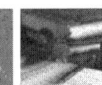

session 3

결론 : 세상 사람들은 하나님을 _____ 불가능한 분으로 생각하지만, 사실 하나님은 _____ 분이시다.

짚고 넘어갑시다

네 가지 신학적 용어를 통해 하나님의 진정한 인격을 이해할 수 있다.

1. 하나님의 내재성 : 하나님은 놀라울 정도로 우리 모두의 가까이에 계신다. 저 높고 높은 별을 넘어 먼 하늘에 계시는 것이 아니다. 그분은 우리의 심장 뛰는 소리가 들릴 만큼 가까이에 계신다. 그분은 멀리서 우리를 지켜보고 계시는 것이 아니다. 우리와 함께 계신다.

2. 하나님의 편재성 : 하나님은 동시에 모든 장소에 계신다. 하나님의 임재가 온 우주에 충만하기 때문이다.

3. 하나님의 전지성 : 하나님은 모든 것을 아신다. 일어난 일, 일어나고 있는 일, 일어날 일을 다 아신다. 내가 생각하기도 전에 내가 무엇을 생각할지 이미 알고 계신다.

4. 하나님의 전능성 : 하나님은 전능하시다. 그분은 원하시는 것은 무엇이든 즉시 할 수 있는 능력을 가지고 계신다.

하나님과의 관계를 표현하는 최고의 방법

예수님은 하나님을 우리 _____ 라고 부르라고 가르치셨다.

하나님 I

하나님 I

하나님은 우리에게 완전한 아버지시다

1. 우리 아버지는 _____ 하려 하신다. 그 아들을 세상에 보내사 우리의 구원자로 죽게 하셨다(요한복음 3:16; 요한일서 4:14).

2. 우리 아버지는 자녀들을 _____ 여기시고 사랑하신다(시편 103:13; 고린도후서 1:3).

3. 우리 아버지는 자녀들을 _____ 하신다(잠언 3:12).

4. 우리 아버지는 우리가 구하기도 전에 우리의 필요를 아신다(마태복음 6:8; 7:9~11). 그래서 하나님을 "우리 아버지"라고 부르며 기도하는 것이다(마태복음 6:9).

5. 우리 아버지는 우리에게 _____ 을 주신다(마태복음 6:20; 히브리서 11:6).

6. 우리 아버지는 우리를 상속자로 삼으신다(로마서 8:15~17).

7. 우리 아버지는 우리를 _____ 하신다(데살로니가후서 2:16, 17).

8. 우리 아버지는 자녀들을 _____ 하지 않으신다.

   - 누구나 동등하게 하나님께 다가갈 수 있다(에베소서 2:18).
   - 모든 사람에게 풍성히 복을 주신다(로마서 10:12).
   - 모든 사람을 공평하게 판단하신다(베드로전서 1:17).

예수님은 "_____ 본 자는 아버지를 보았거늘"이라고 말씀하셨다(요한복음 14:9).

 기억합시다

당신이 겪어 왔던 이 땅에서의 아버지의 모습 때문에 하나님을 아버지로 생각하는 것이 어려울 수도 있을 것이다. 그러나 당신이 결코 만나 보지 못한 진정한 아버지, 육신의 아버지가 결코 이루지 못한 것을 이루시는 아버지인 하나님을 만나고 나면, 그 기쁨은 배가 될 것이다.

아래와 같은 기도를 드림으로써 하나님과 관계를 맺기 시작하거나 그 관계를 발전시킬 수 있다. (당신에게 특히 더 필요한 부분을 넣어서 기도해 보자.)

> 하나님, 제가 전혀 경험해 보지 못했던 완전한 아버지로 주님을 지금 받아들입니다. 저는 육신의 아버지에게 실망했지만, 주님은 결코 저를 실망시키지 않으실 줄 믿습니다. 저는 육신의 아버지를 인격적으로 알지 못했지만, 주님은 저를 알기 원하십니다. 저는 육신의 아버지에게 상처를 입었지만, 주님은 저를 치료하십니다. 육신의 아버지는 제게 관심이 없었지만, 저는 주님께 늘 완전한 관심의 대상입니다. 저는 육신의 아버지의 기대를 결코 채울 수 없었지만, 당신의 은혜 속에서 저는 모든 기대로부터 자유합니다. 감사합니다.
> 예수님의 이름으로 기도합니다. 아멘.

그리고 당신의 육신의 아버지가 완전하지는 않아도 하나님과의 관계를 발견할 수 있도록 길을 놓아 주었다면, 당신은 이렇게 기도할 수 있을 것이다.

> 하나님, 제 육신의 아버지에 대해 감사드립니다. 육신의 아버지가 저를 기르신 방법이 완전하지는 않았지만, 아버지는 선하고 사랑이 많고 인격을 갖춘 분이었습니다. 그를 통해 저는 주님이 어떤 분이신지 조금 더 알 수 있었고, 하나님과 인격적인 관계를 맺게 되었습니다. 그분이 제게 주신 선물에 대해 주님께 감사드립니다.
> 예수님의 이름으로 기도합니다. 아멘.

하나님 I

 말씀을 삶 속으로

교리를 우리 삶에 어떻게 적용할 수 있는지 알기 전까지는 교리라 하는 단어가 차갑게 느껴지고 거리가 멀어 보일 수 있다. 하나님에 대한 지식을 개인적으로 어디에 적용할 수 있을까? 그것은 바로 예배이다.

1. 다음 장에 들어가기 전에, 하나님의 본질에 대해 말하고 있는 다음 성경 구절들을 묵상하라. 하나님께서 당신에게 직접적이고 인격적으로 하시는 말씀을 들어 보라.

   "나 여호와가 말하노라 너희는 나의 증인, 나의 종으로 택함을 입었나니 이는 너희가 나를 알고 믿으며 내가 그인 줄 깨닫게 하려 함이라 나의 전에 지음을 받은 신이 없었느니라 나의 후에도 없으리라"(이사야 43:10).

   "이제는 나 곧 내가 그인 줄 알라 나 외에는 신이 없도다 내가 죽이기도 하며 살리기도 하며 상하게도 하며 낫게도 하나니 내 손에서 능히 빼앗을 자가 없도다"(신명기 32:39).

   "이스라엘의 왕인 여호와, 이스라엘의 구원자인 만군의 여호와가 말하노라 나는 처음이요 나는 마지막이라 나 외에 다른 신이 없느니라 …너희는 두려워하지 말며 겁내지 말라 내가 예로부터 너희에게 듣게 하지 아니하였느냐 알리지 아니하였느냐 너희는 나의 증인이라 나 외에 신이 있겠느냐 과연 반석이 없나니 다른 신이 있음을 내가 알지 못하노라"(이사야 44:6, 8).

2. 하나님께서 당신의 삶에 행하신 엄청난 일들을 기억하면서, 하나님의 능력과 다스리심을 신뢰하라.

   역사 학자들만이 인간의 역사에 나타난 하나님의 사역을 살펴볼 수 있는 것은 아니다. 세계사가 그리스도의 탄생을 기점으로 양분된다는 사실만 기억하자. 모든 국가의 흥망성쇠를 기록할 때 연도를 어떻게 표시하는가? 흘러간 세계의 역사를 떠올려 보며, 종이 한 장을 꺼내어 "하나님, …을(를) 볼 때 인간의 역사를 당신께서 다스리심을 봅니다"라는 문장을 완성해 보라.

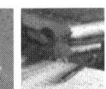

> 이번에는 "하나님, …을(를) 볼 때 제 삶을 당신께서 다스리심을 봅니다"라는 문장을 완성해 보라.
>
> 3. 눈을 감고 하나님의 아름다움과 창조의 능력을 묵상하고, 그분께서 만드신 것들을 떠올려 보라. 야외로 나가서 하나님이 지으신 것들을 눈으로 목도하며 묵상하는 것도 아주 좋은 방법일 것이다.
>
> 4. 예수님은 우리에게 하나님을 "아바"라 부르라고 가르치셨다. 아바는 아빠처럼 어린아이가 부르는 친근한 호칭이다. 이번 한 주 동안 기도할 때, 하나님을 아빠라고 불러 보라. (불경스럽다고 생각하지 말라. 그것은 당신과 하나님의 친밀한 관계, 당신이 하나님께 완전히 의존하고 있음을 표현하는 호칭이다.)
>
> 5. 당신이 하나님 앞에 있다고 생각해 보자. 하나님을 경배하는 데 도움이 될 것이다. 하나님이 당신의 아버지로 당신 앞에 계시다고 생각해 보자. 그분은 당신에게 다가오셔서 두 손으로 당신의 얼굴을 어루만지시며, "오늘 내가 너를 위해 무엇을 해 주기를 바라니?"라고 물어 보신다.[2]

암송 카드 2번, '하나님'을 암송하라.

---

2) J.P. Moreland, Saddleback Church men's retreat, 7 February 2000.

하나님 I

Q 토의

1. 하나님을 생각하면, 떠오르는 그림이 있는가? 어떤 그림인가?

2. 하나님께서 당신과 함께 방안에 계신 것처럼 느끼게 하는 것이 있다면? 하나님을 가장 실제적으로 느끼게 하는 것은 무엇인가? 하나님께서 만드신 것들을 보는 것? 교회에 있는 것? 성경을 읽는 것? 인류의 역사를 살펴보는 것?

3. 하나님에 대한 일반적인 생각과 진실을 비교한 목록을 보자. 그 중에서 어떤 오해가 가장 위험하다고 생각되는가? 당신은 어떤 진실을 받아들이기가 가장 어려운가? (아마 그것은 당신이 배워 온 지식이나 문화에 영향을 받은 것일 것이다.)

4. 이 장에서 이해되지 않는 부분이나 설명이 부족한 부분은 없었는가?

5. 하나님 사랑의 어떤 측면 때문에 당신은 그분이 완전한 아버지시라고 믿게 되는가? 하나님은 어떻게 아버지로서의 사랑을 당신에게 보여 주셨는가? 질문에 대답하기 전에 하나님께서 아버지로서 우리의 필요를 채워 주시는 여덟 가지 방법을 다시 한 번 살펴보자.

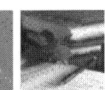

session 3

 빈 칸에 알맞은 단어

창조	접근 불가능한
모습	관계적인
역사	아버지
자신을	희생
창조 세계	긍휼히
말씀	인도
아들	상
가까이	격려
친밀히	편애
용서	나를

 # 4장 하나님 II

> **밭 갈기**   하나님의 전지전능하심을 알아 가기 위해 나의 시간을 헌신한다.

이번 장에서는 하나님의 고유하신 세 가지 본질을 살펴보자.

지난 장에서는 하나님이 인격이시라는 본질에 대해 공부했는데, 그러한 본질로 인해 그분은 우리 아버지가 되신다. 이번 장에서는 그러한 하나님의 인격에 대한 세 가지 본질에 집중하겠다. 하나님의 성품은 성격 검사에서 나오는 것처럼 "낙천적", "지배적", "내성적" 등의 제한된 용어로 설명할 수 없다. 다음 세 가지 특징들이 하나님 인격의 고유한 본질이다.

하나님은 _____ 로 존재하신다

 짚고 넘어갑시다

삼위일체

하나님은 하나이신 세 분으로서, 성부, 성자, 성령이시다. 하나님이 세 분인 것도 아니고, 한 하나님이 세 가지 방식으로 일하시는 것도 아니다. 성경은 하나님이 구별되는 세 인격이시며, 그 세 인격들이 하나님 안에서 하나라고 말한다.

삼위일체에 관한 견해들

삼위일체 교리는 성경의 어느 한 구절에서만 정확하게 명시하고 있는 것이 아니라, 성경 전체에서 발견하게 되는 교리다.

하나님 II

성 패트릭이 삼위일체를 설명하면서 그렸던 그림은 세 잎 클로버였다. 어떤 사람들은 물의 기체, 고체, 액체 세 가지 형태를 비유로 들어 삼위일체를 설명하기도 했다. 물이 빙점 밑의 일정 온도에서 압력을 받으며 진공 상태에 있으면 얼음, 액체, 기체로 동시에 존재할 수 있는데, 기본 성질에 있어서는 여전히 물(H_2O)이다. 물리학에서는 이것을 물의 삼중점이라고 말한다.

훨씬 더 간단한 그림을 사용하는 이들도 있는데, 그것은 나폴리 아이스크림(역주-초콜릿, 바닐라, 딸기 세 가지 맛이 섞인 아이스크림)이다. 세 가지 맛은 각각 다른 맛을 내며, 그중 하나라도 없으면 나폴리 아이스크림이 아니다.

> 나는 성경을 처음 공부하기 시작하면서, 삼위일체 교리가 가장 이해하기 힘든 복잡한 문제였다. 그것은 신비스러운 교리였기 때문에 나는 그것을 결코 완전하게 이해할 수 없었다. 그리고 오늘날까지도 그것을 완전히 이해하지 못하지만, 나는 그것이 하나님의 뜻이라고 받아들인다.[1]
>
> -빌리 그레이엄

---

1) 빌리 그레이엄, 『성령』(보이스 역간)

삼위일체의 진리는 말씀을 통해 드러난다

1. 하나님은 _____ 이시다.

    "…우리 하나님 여호와는 오직 유일한 여호와이시니"(신명기 6:4).

    "…나는 하나님이라 나 외에 다른 이가 없느니라 나는 하나님이라 나 같은 이가 없느니라"(이사야 46:9)

2. 성부, 성자, 성령께서 모두 하나님으로 불린다.

- 아버지(성부)께서 하나님이시다.

    "…하나님 우리 아버지와 주 예수 그리스도로부터 은혜와 평강이 있기를 원하노라"(로마서 1:7)

- 예수님(성자)이 하나님이시다.

    "도마가 대답하여 이르되 나의 주님이시요 나의 하나님이시니이다"(요한복음 20:28)

    "태초에 말씀이 계시니라 이 말씀이 하나님과 함께 계셨으니 이 말씀은 곧 하나님이시니라"(요한복음 1:1)

- 성령께서 하나님이시다.

    "내가 아버지께 구하겠으니 그가 또 다른 보혜사를 너희에게 주사 영원토록 너희와 함께 있게 하리니 그는 진리의 영이라 세상은 능히 그를 받지 못하나니 이는 그를 보지도 못하고 알지도 못함이라 그러나 너희는 그를 아나니 그는 너희와 함께 거하심이요 또 너희 속에 계시겠음이라"(요한복음 14:16, 17)

    "…아나니아야 어찌하여 사단이 네 마음에 가득하여 네가 성령을 속이고… 사람에게 거짓말한 것이 아니요 하나님께로다"(사도행전 5:3, 4)

하나님 II

3. 아버지, 아들, 성령께서 서로 _____ 되신다.

예수님은 아버지와 구별된다(요한복음 17장에서 아버지께 기도하셨다).
성령은 아버지와 구별된다(요한복음 14:26).
아들은 성령과 구별된다(요한복음 14:16, 17).

결론 : 하나님은 한 분이시지만, 세 위격으로 존재하신다.

삼위일체 엿보기

- 구약의 네 부분에서 하나님은 자신을 "_____"라고 부르신다 (창세기 1:26; 3:22; 11:7; 이사야 6:8).

- 세 위격 모두 창조에 참여하셨다(성령-창세기 1:2, 아버지-히브리서 1:2, 아들-골로새서 1:15, 16).

- 우리는 아버지와 아들과 성령의 이름으로 _____를 받는다(마태복음 28:19).

- 세 위격 모두 예수님의 _____ (마가복음 1:10, 11)와 예수님의 _____ (누가복음 1:35) 시에 계셨다.

- 성경은 세 위격 모두 예수님의 _____ 능력이 되었다고 말한다. 요한복음 2장 19절에서, 예수님은 자신의 몸을 일으키실 것이라고 말씀하셨다. 로마서 8장 11절에서는, 성령께서 예수님을 살리셨다고 말씀한다. 사도행전 3장 26절에서는, 아버지께서 아들을 세우셨다고 증언한다. 이것은 삼위일체 교리를 이해해야 납득할 수 있는 말씀이다. 오직 하나님만이 죽음을 이기실 수 있다.

- 고린도후서 13장 13절의 바울의 기도: "주 예수 그리스도의 은혜와 하나님의 사랑과 성령의 교통하심…"

- 예수님은 요한복음 14장 16, 17절에서 제자들을 위해 아버지께 성령을 구하겠다고 말씀하셨다.

session 4

 기억합시다

삼위일체 교리를 이해하는 것이 왜 중요한가?

신학적으로 : 삼위일체 교리를 이해함으로써 하나님을 바르게 이해할 수 있다.

예수님과 성령을 하나님보다 낮은 위치로 보거나, 예수님과 아버지를 똑같은 존재로 생각하거나, 한 분의 하나님 안에 세 신이 있다고 생각하지 않도록 막아 준다.

인간인 우리가 자주 당하는 시험은 하나님을 실제보다 과소평가하는 것이다. 삼위일체의 진리는 그러한 시험에서 우리를 보호해 준다.

개인적으로 : 삼위일체는 십자가에서 우리를 위해 자신을 내어 주신 하나님의 위엄과 신비를 깨닫게 한다.

우리는 삼위일체의 진리를 믿음으로 받아야 한다.
- 구원을 간구할 때 (성령께서 책망하신다–요한복음 16:8, 아들께서 희생 제물이 되셨다–히브리서 10:10, 아버지께서 주신다–요한복음 3:16)
- 기도할 때마다 (성령의 교통–로마서 8:26, 예수님의 중보–로마서 8:34, 아버지의 응답–요한복음 16:23, 24)

관계적으로 : 삼위일체 교리는 하나님의 본질이 관계적이라는 사실을 보여 준다.

우리를 창조하기 전에도, 성부 하나님과 성자 하나님 그리고 성령 하나님 사이에는 완전한 관계가 있었다. 하나님은 누군가와 관계를 맺고 싶어서 우리를 창조하신 것이 아니다. 이미 삼위일체 안에서 완전한 관계를 가지고 계셨기 때문이다. 우리가 다른 사람들과 관계를 맺고 하나님과의 관계를 누릴 수 있는 능력은 하나님의 관계적 본질로부터 비롯된 것이다.

하나님 II

하나님은 절대적 _____ 이시다

주권은 하나님의 태도가 아닌, 하나님의 실체를 가리키는 말이다. 하나님의 성격이 지배적인 것이 아니라, 그분이 절대적인 지배자이신 것이다. 하나님의 성격이 통제하는 타입인 것이 아니라, 궁극적인 통치자가 되시는 것이다. 하나님이 만드신 이 모든 것을 책임져야만 하는 것이 아니라, 이미 모든 것을 책임지고 계신다.

1. 자신의 피조물들보다 위대하시고 그 위에 존재하신다. 그는 _____ 하신다.

   "하나님이 참으로 땅에 거하시리이까 하늘과 하늘들의 하늘이라도 주를 용납지 못하겠거든 하물며 내가 건축한 이 성전이오리이까"(열왕기상 8:27)

   "하나님도 한 분이시니 곧 만유의 아버지시라 만유 위에 계시고 만유를 통일하시고 만유 가운데 계시도다"(에베소서 4:6)

   - 그는 시간보다 위대하시다(이사야 57:15; 신명기 33:27; 시편 90:2).
   - 그는 공간보다 위대하시다(시편 139:7~10; 예레미야 23:23; 사도행전 17:24~28).
   - 그는 상황보다 위대하시다(야고보서 1:17; 사무엘상 15:29; 말라기 3:6).

   하나님께는 _____ 일이 없다(시편 139:2~4).

2. 하나님께서는 허락이나 도움을 필요로 하지 않으신다. 그는 모든 것을 _____ 하셨다.

   "또 무엇이 부족한 것처럼 사람의 손으로 섬김을 받으시는 것이 아니니 이는 만민에게 생명과 호흡과 만물을 친히 주시는 이심이라"(사도행전 17:25)

   "이 사람아 네가 누구이기에 감히 하나님을 반문하느냐 지음을 받은 물

건이 지은 자에게 어찌 나를 이같이 만들었느냐 말하겠느냐"(로마서 9:20)

3. 하나님께서는 원하시는 것은 무엇이든지 하실 수 있다: 그는 _____ 하시다.

"그가 별들의 수효를 세시고 그것들을 다 이름대로 부르시는도다 우리 주는 위대하시며 능력이 많으시며 그 지혜가 무궁하시도다"(시편 147:4, 5)

성경은 하나님께서 전능자시라고 56회 말씀한다.

짚고 넘어갑시다

우리가 하나님을 묘사하는 데 사용해 온 단어들을 다시 한 번 생각해 보자. 분명히 본래 단어의 뜻과 다른 느낌으로 사용하고 있는 것들이 있을 것이다. 하나님을 비인격적인 존재처럼 묘사하는 의미들이 그 단어들에 더해진 경향이 있다. 사실 이것은 어찌 보면 당연한 일이다. 왜냐하면 하나님의 이름과 인격을 왜곡하고 비하하여, 하나님이 이 세상과 우리의 삶을 다스리시지 못하게 하려는 것이 사탄의 계략이기 때문이다. 사탄은 하나님의 인격을 중상모략하는 악성 안티 캠페인의 대장이다. 우리가 하나님을 묘사하는 데 흔히 사용하는 단어들이 잘못 사용되고 있는 예를 살펴보자.

'거룩'은 하나님께서 까다롭다거나 늘 판단하신다거나 상대적으로 자신의 거룩을 드러내시는 태도를 갖고 있다는 말이 아니다. 문자적으로, 거룩은 구별되는 것이다. 거룩은 하나님께서 완전히 순전하시다는 것을 의미한다. 그분은 이 우주에서 유일하게 완전히 순전한 분이시다.

하나님 II

'영원'은 하나님이 늙었거나 지치셨다거나 구식이라는 의미가 아니다. 하나님은 늘 존재해 오셨다. 그분은 시간 바깥에 계시며, 우주의 전체 역사를 한 번에 다 보실 수 있다.

'초월'은 하나님께서 우리의 필요와 아픔을 이해하지 못하신다는 의미가 아니다. 멀리서 우리의 어려움을 가만히 지켜보기만 하신다는 뜻이 아니다. 하나님께서 피조물 위에 계신다는 사실은 그분이 피조물 외부에 계신다는 의미가 아니다. 그분은 초월하시는 (피조물 위에 계시는) 동시에 내재하신다(피조물 안에 계신다).

'전능'은 하나님께서 우리 입장은 생각지도 않고 무엇이든 마음대로 하신다는 의미가 아니다. 그분은 자신의 능력을 사용하셔서 창조하시고, 자신이 창조한 것들을 사랑하신다.

'다 아신다'는 것은 하나님께서 마치 감시 카메라처럼 어딘가에서 우리를 지켜보고 판단하며 잘못한 것을 찾아내고 계신다는 뜻이 아니다. 인간인 우리는 고통을 대하면서 점점 마음이 무디어지지 않을 수 없지만, 하나님은 그렇지 않으시다. 그분은 세상에서 일어나는 모든 일들에 깊은 관심을 가지신다.

하나님은 _____으로 완전하시다.

"하나님은 항상 선하시다."
"항상 하나님은 선하시다."

- 그는 _____ 속에서 행하신다(레위기 11:44; 이사야 6:1~3).
  "웃시야 왕이 죽던 해에 내가 본즉 주께서 높이 들린 보좌에 앉으셨는데 그의 옷자락은 성전에 가득하였고 스랍들이 모시고 섰는데 각기 여섯 날

session 4

개가 있어 그 둘로는 자기의 얼굴을 가리었고 그 둘로는 자기의 발을 가리었고 그 둘로는 날며 서로 불러 이르되 거룩하다 거룩하다 거룩하다 만군의 여호와여 그의 영광이 온 땅에 충만하도다 하더라"(이사야 6:1~3).

- 그분은 _____ 로 관계하신다(출애굽기 34:6; 예레미야애가 3:22; 야고보서 5:11).

- 그의 _____ 을 신뢰할 수 있다(시편 36:5; 히브리서 10:23).

- 그의 _____ 은 비할 데가 없다(시편 34:8; 베드로후서 1:3).

- 그의 _____ 는 편중됨이 없이 공정하다(이사야 30:18; 누가복음 18:7, 8).

- 그분은 죄에 대해 _____ 로 반응하신다(창세기 6:5~8; 로마서 2:5~9; 데살로니가전서 2:16).

- 그분은 _____ 이시다(요한일서 4:7~11; 요한복음 3:16).

기억합시다

성경에 나타난 하나님의 본질은 우리가 닮아 가야 할 부분들이다. 우리는 하나님의 형상대로 창조되었다(창세기 1:27). 따라서 우리는 하나님의 품성을 닮아야 한다. 전지전능하심이나 영원성 등의 속성은 하나님만의 것이지만, 그 외의 다른 속성들을 우리 삶 속에 드러내야만 할 것이다. 어떻게 해야 하나님의 속성이 내 삶에서 드러날까? 인간은 누구나 많은 시간을 함께 하는 사람을 닮아 가게 마련이다. 하나님과 많은 시간을 보내다 보면, 우리는 자연스럽게 하나님을 닮게 될 것이다.

그분의 인격이 나의 성품을 다듬을 것이다.

하나님 II

	부록	삼위일체 교리	
개요	삼위일체라는 단어나 삼위일체 교리가 성경에 명기되어 있지는 않지만, 삼위일체론은 성경적 증거들을 가장 잘 해석한 교리이다. 이것은 하나님이 누구신지에 초점을 맞추며, 특히 예수 그리스도의 신성에 초점을 맞추므로 기독교의 결정적 교리가 된다. 삼위일체론은 성경에서 직접적으로 말하고 있지 않으므로, 이 교리를 연구하려면 조직신학적 연구와 성경적 삼위일체에 대한 견해들을 살펴보는 것이 좋다.		
삼위일체의 개념	하나님은 한 분이시다. 삼위는 각 위격 안에 동일한 신성을 가지고 계신다. 하나님이 한 분이시며 동시에 세 분이 되신다는 것은 결코 상호 모순이 아니다. 삼위일체(성부·성자·성령)는 영원하시다. 하나님의 각 위는 동일한 본질이시다. 그러므로 본질면에서 상호 열등하거나 우월함이 없다. 삼위일체는 우리가 결코 완전히 이해할 수 없는 신비이다.		
성경에 나타난 삼위일체	구약	신약	
한 분이신 하나님	"이스라엘아 들으라 우리 하나님 여호와는 오직 유일한 여호와이시니"(신명기 6:4, 참조: 20:2~4; 3:13~15).	"영원하신 왕 곧 썩지 아니하고 보이지 아니하고 홀로 하나이신 하나님께 존귀와 영광이 영원무궁하도록 있을지이다 아멘"(디모데전서 1:17, 참조:고린도전서 8:4~6; 디모데전서 2:5, 6; 야고보서 2:19).	
신성으로 구별되는 삼위	아버지: "…여호와께서 내게 이르시되 너는 내 아들이라 오늘 내가 너를 낳았도다"(시편 2:7).	"곧 하나님 아버지의 미리 아심을 따라 …택하심을 받은 자들에게…"(베드로전서 1:2, 참조:요한복음 1:17; 고린도전서 8:6; 빌립보서 2:11).	
	아들: "…여호와께서 내게 이르시되 너는 내 아들이라 오늘 내가 너를 낳았도다"(시편 2:7, 참조: 히브리서 1:1~13; 시편 68:18; 이사야 6:1~3; 9:6).	"예수께서 세례를 받으시고 곧 물에서 올라오실 새 하늘이 열리고 하나님의 성령이 비둘기같이 내려 자기 위에 임하심을 보시더니 하늘로부터 소리가 있어 말씀하시되 이는 내 사랑하는 아들이요 내 기뻐하는 자라 하시니라"(마태복음 3:16, 17).	

	구약	신약
신성으로 구별되는 삼위	성령: "태초에 하나님이 천지를 창조하시니라 …하나님의 영은 수면에 운행하시니라"(창세기 1:1, 2, 참조:출애굽기 31:3; 사사기 15:14; 이사야 11:2).	"베드로가 이르되 아나니아야 어찌하여 사탄이 네 마음에 가득하여 네가 성령을 속이고… 사람에게 거짓말한 것이 아니요 하나님께로다"(사도행전 5:3, 4; 참조:고린도후서 3:17).
신격 안의 복수 위격	구약에서는 복수 명사를 사용함으로써 신격 안의 복수 위격을 지칭한다. "하나님이 이르시되 우리의 형상을 따라 우리의 모양대로 우리가 사람을 만들고…"(창세기 1:26).	하나님 아버지, 아들, 성령을 가리켜 "이름"이라는 단수를 사용한 것은 세 분 하나님의 단일성을 보여 준다. "그러므로 너희는 가서 모든 민족을 제자로 삼아 아버지와 아들과 성령의 이름으로 세례를 베풀고"(마태복음 28:19).

	속성	아버지	아들	성령
세 위격 모두 본질이 동일하다 : 모든 속성이 각 위 모두에 적용된다.	영원성	시편 90:2	요한복음 1:2; 요한계시록 1:8, 17	히브리서 9:14
	능력	베드로전서 1:5	고린도후서 12:9	로마서 15:19
	전지성	예레미야 17:10	요한계시록 2:23	고린도전서 2:11
	편재성	예레미야 23:24	마태복음 18:20	시편 139:7
	거룩	요한계시록 15:4	사도행전 3:14	사도행전 1:8
	진리	요한복음 7:28	요한계시록 3:7	요한일서 5:6
동등하나 역할이 다름	인자	로마서 2:4	에베소서 5:25	느헤미야 9:20
	세상의 창조	시편 102:25	골로새서 1:16	욥기 33:4
	사람의 창조	창세기 2:7	골로새서 1:16	창세기 1:2; 욥기 26:13
	그리스도의 세례	마태복음 3:17	마태복음 3:16, 17	마태복음 3:16
	그리스도의 죽음	히브리서 9:14	히브리서 9:14	히브리서 9:14

출처 : 『Charts of Christian Theology and Doctrine』, H. Wayne House. Copyright ⓒ 1992. 미국 존더반 출판사의 허락 하에 사용됨.

하나님 II

암송 카드 2번, '하나님'을 암송하라.

이 말씀들을 암송하는 데 매주 조금씩만 시간을 투자한다면, 당신의 일상생활에 보다 쉽게 말씀을 적용할 수 있게 될 것이다. 또한 그 말씀을 다른 사람들에게도 분명하게 전할 수 있게 될 것이다.

Q 토의

1. 지난 장을 공부한 후 한 주 동안 하나님을 아버지로 더 친근하게 생각하게 되었는가? 그분이 당신의 아버지시라는 것을 다시 한 번 느끼게 된 사건이 있었다면 나눠 보자.

2. 지난 장에서 하나님을 경배하기 위한 네 가지 연습을 해 보았다면 아래의 상황에 맞춰 나눠 보자.
   - 하나님이 그분의 본질에 대해 말씀하시는 성경 구절을 읽을 때, 어떤 부분이 특히 와 닿았는가?
   - 하나님께서 당신의 삶에 행하신 의미 있는 일들을 돌아보며 하나님의 능력과 다스리심을 묵상할 때, 특히 어떤 의미 있는 일들이 떠올랐는가?
   - 인간의 역사 속에서 일하시는 하나님의 손길을 느낄 수 있었는가?
   - 하나님의 창조 세계를 생각하거나 관찰함으로써 하나님의 아름다움과 창조성을 묵상한 경험을 그룹과 나눠 보자.

3. 삼위일체 교리에 대해 "그게 저와 무슨 상관인데요? 저는 예수님이 저를 사랑하신다는 것을 알아요"라는 식으로 넘어가게 되기 쉽다. 이번 장에서 삼위일체 교리를 왜 배워야 하는지 알게 되었는가?
   - 삼위일체에 대해 오해를 불러일으키는 거짓 가르침들에는 어떤 것들이 있는가?
   - 이 교리가 당신의 개인적인 삶에 어떤 도움이 될 수 있을까?

4. 하나님은 시간이나 공간이나 상황에 구애받지 않으신다는 사실이 지금 당신이 처해 있는 문제를 해결하는 데 어떤 도움이 될 수 있을까?

5. 하나님의 위격을 공부하고 난 후,
   - 하나님에 대해 새롭게 배운 것은?
   - 하나님을 조금 더 가까이 느끼게 해 준 것은?
   - 당신을 행복하게 해 주고, 하나님과의 관계를 누릴 수 있게 해 준 것은?
   - 당신이 하나님께 사랑받고 있다고 느끼게 해 준 것은?
   - 하나님의 위대하심을 더 분명히 이해하게 해 준 것은?
   - 당신의 삶을 하나님께 헌신하도록 한 것은?
   - 일상생활 속에서 든든한 마음을 갖게 해 준 것은?

6. 하나님께서 우리에게 어떻게 행하시는지를 보면, 우리가 남들에게 어떻게 하기 원하시는지도 분명히 알 수 있다. 우리가 가질 수 없는 하나님의 특성들도 많지만, 하나님의 품성(긍휼, 사랑, 양선, 용서)을 내 안에 개발하고 그것을 세상에 보여 줄 수는 있다.

   하나님은 그분의 품성이 세상에 드러나기를 원하신다. 신자인 우리가 믿음을 표현하는 한 가지 방법은 그분의 인격이 우리를 통해 세상에 드러나도록 기도하는 것이다. 다음 질문들을 사용하여 기도 제목들을 작성하고 그룹이 함께 기도하자. 소그룹에서 경험할 수 있는 가장 멋진 일 중 하나는 하나님께서 많은 기도 제목들에 어떻게 응답하시는지 보는 것이다.
   - 이 세계 어느 곳에 하나님의 긍휼이 베풀어지기를 원하는가?
   - 누구에게 하나님의 지혜가 공급되기를 바라는가?
   - 누구, 혹은 무엇에 대해 인내할 수 있기를 하나님께 간구하는가?
   - 하나님께 바로잡아 달라고 하고 싶은 관계는?

(기도 제목을 구체적으로 말하라. 가령, 당신의 여동생이 대상이라면, "가족"이라고 말하지 말라. 기도를 부탁하고 싶은 자세한 상황을 그룹에 알리라.)

하나님 II

> **참고 도서** | 폴 리틀, 『이것을 믿는다』(생명의말씀사 역간)
> 제임스 패커, 『하나님을 아는 지식』(IVP 역간)
> 에이든 토저, 『하나님을 추구함』(생명의말씀사 역간)

A 빈 칸에 알맞은 단어

삼위일체	소유
한 분	전능
구별	도덕적
우리	거룩함
세례	긍휼
세례, 탄생 선언	신실하심
부활	선하심
주권자	정의
초월	진노
놀랄	사랑

5장 예수님 I

밭 갈기
- 가장 좋은 친구, 예수 그리스도를 깊게 알아 간다.
- 예수님이 가장 좋은 친구라는 진리를 구체적으로 실행한다.

이 장의 목적은 간단하다. 예수님을 더 잘 아는 것이다. 나는 당신이 당신의 가장 좋은 친구 예수 그리스도를 알게 되기를 바란다. 당신이 여느 사람들을 알아 갈 때처럼, 예수님의 이름을 알고, 그분의 라이프 스토리를 알고, 그분의 성격을 이해하고 좋아하게 됨으로써 예수님을 알아 가는 것이 이 장의 주제다.

왜 예수님을 아는 것이 중요한가?

1. 예수님을 알아 가는 것은 우리의 끊임없는 _____ 이다.

2. 예수님을 아는 것은 성도의 지속적인 _____ 이다.
   "그의 신기한 능력으로 생명과 경건에 속한 모든 것을 우리에게 주셨으니 이는 자기의 영광과 덕으로써 우리를 부르신 이를 앎으로 말미암음이라"(베드로후서 1:3).

예수님의 이름들

상대방을 알기 위해 가장 먼저 알아야 할 것 중 하나는 이름이다. 그런데 예수님의 경우에는 이름을 아는 것이 그리 쉬운 일이 아니다. 엘웰의 『Topical Analysis of the Bible』(주제별 성경 분석)에서는 성경에 등장하는 예수님의 이름 184개를 열거한다.[1]

예수님 I

성경에서 사람의 이름은 그 사람의 정체성을 보여 주는 명함이다. 예수 그리스도의 이름들은 그분이 누구신지 알 수 있도록 도와주는 촉매가 된다.

짚고 넘어갑시다

사람의 이름

성경에 등장하는 이름들은 오늘날 우리가 생각하는 것보다 훨씬 큰 의미를 가지고 있었다. 이름은 한 사람에 대한 세 가지 구체적 내용을 나타냈다.

1. 하나님이 그를 지으신 목적
2. 그의 지위
3. 하나님이 그에게 주신 약속

- 천사가 마리아에게 아들의 이름을 주었다. 그것은 "예수"였다(누가복음 1:31).
  예수는 "하나님의 구원"을 의미한다.

- 천사들이 목자들에게 예수님의 이름을 말해 주었다(누가복음 2:11).
  구주 : 예수님의 _____ 을 보여 준다.
  그리스도 : 예수님의 _____ 을 보여 준다.
  주 : 예수님의 _____ 를 보여 준다.

---

1) Walter Elwell, ed., *Topical Analysis of the Bible* (Grand Rapids, Mich. : Baker, 1991).

session 5

예수님, 저는 오늘 당신과의 관계를 시작하고 싶습니다. 그저 하나님에 대해 지식적으로 알기를 원하는 것이 아닙니다. 저는 주님을 개인적으로 알기 원합니다. 그리고 저의 죄를 용서해 주시기를 간구합니다. 제가 어떻게 살아야 할지 알려 주옵소서. 저는 오늘부터 하나님이 인도하시는 대로 살아가려고 합니다. 그것이 어떤 삶일지 아직 잘 알지는 못하지만, 주께서 제게 길을 보여 주실 것을 확신합니다. 예수님의 이름으로 기도합니다. 아멘.

 기억합시다

성경은 예수님의 이름들을 열거하기만 하는 것이 아니다. 그 이름의 능력을 우리에게 말해 주고 있다.
주님의 이름에는 정말로 능력이 있다. 오늘날 이 세계에서 힘이나 권위, 정치적 권력을 가진 사람들의 이름을 아래에 적어 보자.

1. 예수님의 이름은 모든 이름 위에 뛰어나다(빌립보서 2:9~11).

   "이러므로 하나님이 그를 지극히 높여 모든 이름 위에 뛰어난 이름을 주사 하늘에 있는 자들과 땅에 있는 자들과 땅 아래에 있는 자들로 모든 무릎을 예수의 이름에 꿇게 하시고 모든 입으로 예수 그리스도를 주라 시인하여 하나님 아버지께 영광을 돌리게 하셨느니라"(빌립보서 2:9~11)

2. 성도들인 우리들은 그의 이름 안에서 산다.

우리는 그 이름으로 기름부음을 받는다(야고보서 5:4).
　　　　　　　용서받는다(요한일서 2:12).
　　　　　　　세례받는다(사도행전 10:48).
　　　　　　　의롭다 하심을 얻는다(고린도전서 6:11).

예수님 I

> 우리는 그 이름으로 모인다(고린도전서 5:4).
> 우리는 그 이름을 지닌다(베드로전서 4:16).
> 　　　　　믿는다(요한복음 1:12).
> 　　　　　부른다(고린도전서 1:2).
>
> 우리는 그 이름으로 감사한다(에베소서 5:20).
> 　　　　　생명을 얻는다(요한복음 20:31).
> 　　　　　복음을 전한다(사도행전 8:12).
> 　　　　　말한다(사도행전 9:28).
> 　　　　　고난을 받는다(사도행전 21:13; 베드로전서 4:16).
>
> 우리는 모든 것을 그의 이름으로 행한다(골로새서 3:17)

예수님의 삶

예수님의 삶은 그의 탄생으로 시작되지 않았고 죽음으로 끝나지도 않았다. 우리는 그분이 이 땅에서 사시기 전, 이 땅 위에서의 생활, 그리고 그 후를 살펴볼 것이다. 예수님의 삶을 시간별로 그려 본다면, 끝이 없는 선 중앙에 이 땅 위에서의 그분의 생활을 정점으로 찍을 수 있을 것이다. 우리에게는 그것이 가장 중요한 부분이기 때문이다. 그러나 실제 시간에 있어서는 가장 짧은 시간이었다.

예수님은 탄생 전에 무엇을 하셨는가?

성육신 전의 그리스도

- 그는 항상 존재하셨다. 그는 영원하시다(미가 5:2; 요한복음 8:57, 58).
- 우주를 _____ 하셨다(골로새서 1:16).
- 그는 사람들에게 _____ 하셨다.

예수님 탄생 전에 사역한 사람들

1. 하갈(창세기 16:7~14)

    "여호와의 사자가 광야의 샘물 곁 곧 술 길 샘 곁에서 그를 만나… 여호와의 사자가 그에게 이르되 네 여주인에게로 돌아가서 그 수하에 복종하라 여호와의 사자가 또 그에게 이르되 내가 네 씨를 크게 번성하여 그 수가 많아 셀 수 없게 하리라"(창세기 16:7, 9, 10).

2. 모세(출애굽기 3:2~14)

    "여호와의 사자가 떨기나무 가운데로부터 나오는 불꽃 안에서 그에게 나타나시니라 …하나님이 떨기나무 가운데서 그를 불러 이르시되 모세야 모세야 하시매…"(출애굽기 3:2, 4).

3. 아브라함(창세기 18:1, 2; 22:11, 12)

    "여호와께서 마므레 상수리 나무들이 있는 곳에서 아브라함에게 나타나시니라 …눈을 들어 본즉 사람 셋이 맞은편에 서 있는지라…"(창세기 18:1, 2).

예수님 I

> **짚고 넘어갑시다**
>
> ### 여호와의 사자
>
> 구약에서 "여호와의 사자"로 불리는 인물이 여러 번 사람들에게 나타난다. 그는 분명히 단순한 천사는 아니었다. 그는 하나님과 같은 모양으로 나타난다. 여호와의 사자가 누군지 성경에서 말하고 있지는 않지만, 대다수의 성경 학자들은 그것을 그리스도께서 인간으로 탄생하시기 전에 지상에 나타나신 모습으로 본다. 물론, 그 모습은 나사렛 예수의 모습은 아니었을 것이다. 베들레헴에 태어나셨을 때처럼 인간이 되신 것이 아니었다. 인간의 모양을 하신 것이었다.
>
> 창세기 16장에서 하갈이 본 사자는 그녀의 자손을 크게 번성시키겠다고 말씀했다. 오직 하나님만이 그런 역사를 일으키실 수 있다. 그리고 하갈은 그 사자를 보고 "감찰하시는 하나님"이라고 고백했다. 성경 자체도 "자기에게 이르신 여호와"로 그를 가리킨다.
>
> 출애굽기에는 "여호와의 사자가 떨기나무 불꽃 가운데서 그에게 나타나시니라… 하나님이 떨기나무 가운데서 그를 불러 가라사대 모세야 모세야 하시매"(출애굽기 3:2, 4)라는 내용이 나온다. 그리고 창세기 18장 1, 2절도 여호와께서 아브라함에게 사람의 형체로 나타나셨다고 말씀한다.

이 땅에서의 예수님의 삶

짧은 역사

예수님은 영원히 살아 계시지만, 우리는 그가 이 땅 위를 걸으셨던 짧

session 5

은 33년에 대해 가장 많이 알고 있다. 친구를 사귀는 방법 중 하나는 그가 태어난 곳, 가족 관계, 중요했던 사건들 등 그에 관한 사실들을 알아 가는 것이다. 우리는 예수님이 이 땅에서 사셨던 시간 동안 일어났던 사건들을 보면서, 그분을 더 잘 알아 갈 수 있다.

예수님 생애의 여섯 기간

1. 예수님의 _____

시작 : 그의 탄생(마태복음 1, 2장; 누가복음 1:1~2:38)
끝 : 성전에 계신 예수님(누가복음 2:41~50)
중요한 사건들 :
　　　　성전에서의 할례(누가복음 2:22~39)
　　　　애굽으로의 도피(마태복음 2:13~23)
　　　　12세에 성전 방문(누가복음 2:41~50)

예수님 생애의 침묵기

- 예수님께서는 보통 아이들처럼 성장하셨다.

  "예수는 그 지혜와 그 키가 자라 가며 하나님과 사람에게 더 사랑스러워 가시더라"(누가복음 2:52)

- 주의 모친 마리아는 예수님의 탄생(누가복음 2:7), 죽음(요한복음 19:25), 부활, 오순절 날 교회의 시작(사도행전 1:14; 2:1)에 함께 있었다.

- 주의 부친 요셉은 예수님께서 예루살렘에서 성전을 방문하신 이후, 30세에 공생애를 시작하시기 전에 죽은 것 같다. 성전 사건 이후로 요셉은 성경에 전혀 등장하지 않지만, 마리아는 예수님과 여러 차례 함께 있었다. 만일 요셉이 살아 있었다면 마리아가 혼자 먼 길을 여행했을 것이라고 예상하기는 어렵다.

예수님 I

> - 예수님의 가정에는 최소한 일곱 명의 자녀들이 있었다. 예수님, 아버지가 다른 네 명의 형제들과 최소한 두 명의 자매들(예수님의 아버지는 하나님이셨고, 다른 형제들의 아버지는 요셉이었으므로). 우리는 마태복음 13장 55, 56절에서 이 사실을 알 수 있다. "이는 그 목수의 아들이 아니냐 그 모친은 마리아, 그 형제들은 야고보, 요셉, 시몬, 유다라 하지 않느냐 그 누이들은 다 우리와 함께 있지 아니하냐."
> - 그의 형제 유다가 신약의 유다서를 썼다.
> - 그의 형제 야고보도 신약 중에 한 권을 썼다. 그 책 이름이 무엇일까? 그렇다! 바로 야고보서이다. 유다와 야고보는 부활하신 예수님을 만나기 전까지는 주님이 메시아라는 사실에 회의적이었다(요한복음 7:5; 사도행전 1:14; 고린도전서 15:7). 그러나 후에 야고보는 예루살렘교회의 영적 지도자가 되었다(사도행전 12:17; 15:13~21).

2. 예수님의 _____ 시작

예수님께서 30세에 공생애를 시작하실 때, 네 가지 중요한 사건들이 있었다.

- 세례 요한의 사역(마가복음 1:1~8; 누가복음 3:1~18)
- 예수님의 세례(마태복음 3:13~17; 마가복음 1:9~11)
- 광야의 시험(누가복음 4:1~13; 마태복음 4:1~11)
- 물을 포도주로 바꾸심(요한복음 2:1~11)

3. 예수님의 _____ 사역

시작 : 성전 청소(요한복음 2:13 이하)
끝 : 우물가의 여인과의 대화(요한복음 4:1~42)
중요한 사건 : 니고데모와의 대화(요한복음 3장)

session 5

4. 예수님의 _____ 사역

시작 : 가버나움에서 왕의 신하의 아들을 고치심(요한복음 4:46~53)
끝 : 베드로의 신앙 고백(마태복음 16:13 이하)
　　　예수님의 변모(마태복음 17:1 이하; 누가복음 9:28 이하)

중요한 사건들 : 산상수훈을 가르치심(마태복음 5~7장)
　　　제자들을 부르심(누가복음 5:1~11; 마가복음 2:13, 14; 누가복음 6:12~16)
　　　5,000명을 먹이심(마태복음 14:13~21; 마가복음 6:30~44)

5. 예수님의 _____ 여행

시작 : "…예루살렘을 향하여 올라가기로 굳게 결심하시고"(누가복음 9:51)
끝 : 마리아가 예수님의 장사할 날을 위하여 몸에 기름을 부음(요한복음 12:1 이하; 마태복음 26:6~13)
중요한 사건들 : 바리새인들과 충돌(누가복음 14장, 16:14 이하)
　　　나사로의 부활(요한복음 11:1 이하)
　　　여리고에서 삭개오를 만나심(누가복음 19:1 이하)

6. 예수님의 죽음, 장사, 부활

시작 : 예루살렘 입성(마태복음 21:1~11)
끝 : 승천(누가복음 24:50, 51)
중요한 사건들 : 성전 정화, 겟세마네 동산에서 기도하심, 재판받으심
　　　　　　　　(누가복음 19:45, 46; 요한복음 17, 18장)
　　　십자가에서 돌아가심(마태복음 27:31~50; 누가복음 23:26~46)
　　　무덤에 장사되심(마가복음 15:42~47; 요한복음 19:38~42)
　　　부활하신 예수님(마태복음 28:2~15; 마가복음 16:1~17; 누가복음 24:1~7; 요한복음 20:1~18)

예수님 I

 기억합시다

예수님은 역사 속의 실존 인물이다. 〈브리태니커 백과사전〉은 신약 성경 외에 예수님에 대해 기록한 저서들에 관해 설명한 후에, 다음과 같이 기술했다. "이런 자료들은 고대에는 심지어 기독교를 적대하던 자들일지라도 예수가 실존 인물이었다는 사실을 전혀 의심하지 않았다는 것을 입증한다. 예수의 역사성에 대해 처음 논란이 일어난 것은 18세기 말과 19세기, 20세기 초 몇몇 책에서였고, 그나마도 근거가 빈약했다."[2]

"하나님이 세상을 이처럼 사랑하사 독생자를 주셨으니 이는 저를 믿는 자마다 멸망치 않고 영생을 얻게 하려 하심이니라"(요한복음 3:16)

영존하시는 그리스도

그분은 어떤 모습이실까?

모든 증거들은 예수님께서 여전히 _____하신 몸으로 천국에 존재하신다고 가르친다.

- 육체를 입은 채로 승천하셨다(사도행전 1:9).
- 육체를 입은 채로 돌아오실 것이다(사도행전 1:11).
- 스데반은 주님이 천국에서 육체를 입고 계신 것을 보았다.(사도행전 7:55, 56)
- 바울은 이제 예수님께서 영광스러운 몸을 가지셨다고 말했다.(빌립보서 3:21)

---

[2] *Encyclopaedia Britannica*, 15th ed., s.v. "Jesus Christ."

그분은 지금 무엇을 하고 계실까?

- 하나님의 우편에서 _____ (에베소서 1:20~22; 베드로전서 3:22).
- 우리를 위해 _____ (로마서 8:34).
- _____ 를 붙드신다(골로새서 1:16, 17).
- 우리와 함께 있을 날을 간절히 _____ (요한복음 14:1~3; 17:24).

예수님 I

 말씀을 삶 속으로

예수 그리스도는 당신의 가장 좋은 친구 되길 원하신다. 생각해 보라. 당신의 가장 좋은 친구가 하나님 우편에 앉아 온 우주를 다스리시는 것이다. 이번 한 주 동안 그를 당신의 가장 좋은 친구라고 생각하고 살기로 결심하여, 이 사실을 삶 속에서 실제로 누려 보자. 이를 위한 세 가지 방법이 있다.

1. 스스로에게 말해 보라. "내가 자격이 없을 때라도 그는 나를 받아 주신다." 당신이 예수님의 친구가 될 자격이 있기 때문에 친구가 된 것이 아니라, 오직 은혜로 되었음을 이번 한 주 동안 기억하라.

2. 주님과 친구처럼 이야기해 보라. 그것이 기도다. 이번 주에 최소한 한 번, 가장 좋은 친구에게 말하듯이 당신의 삶에 일어나고 있는 일들을 예수님께 몇 분 동안 말씀 드리는 시간을 가지라. 물론 그분은 당신에게 일어나고 있는 일들을 이미 알고 계신다. 그러나 당신이 매일 맞닥뜨리게 되는 일들을 친구처럼 그분께 이야기하는 것은 당신의 삶을 변화시킬 것이다.

3. 친구처럼 그분의 말씀에 귀 기울이라. 말씀을 읽는 것은 그가 내게 주신 책을 읽는 것이다. 이번 한 주 동안 성경을 읽으면서 귀를 기울여 보라. 당신에 대한 그분의 사랑에 대해 하나님께서 무엇이라고 말씀하시는가?

암송 카드 3번, '예수님'을 암송하라.

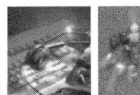

Q 토의

1. "예수님과 관계를 맺는다"는 것은 어떤 뜻인가?

2. 당신이 천국에 가서 예수님과 얼굴을 마주하게 된다면,
   - 그분께 무슨 말을 하고 싶은가?
   - 어떤 질문을 하고 싶은가?
   - 어떤 감정을 느낄 것 같은가?

3. 그런데 천국에 가지 않은 상황에서 지금 당장 예수님께 말씀 드리거나, 질문하거나, 같은 감정들을 느끼기 힘든 이유는 무엇일까? 예수님이 우리의 가장 좋은 친구라는 것을 느끼지 못하게 방해하는 것은 무엇인가? (당신이 그런 장벽들을 깨뜨린 경험이 있다면 몇 가지 방법을 나누어 보자.)

4. 이 장에서 예수님에 대해 어떤 새로운 것을 배웠는가?

5. 앞에서 예수님을 당신의 가장 좋은 친구로 모시고 살기 위한 세 가지 방법들을 살펴보았다. 그것은 그분이 당신을 친구로 받아 주셨다는 것을 기억하는 것, 그분과 친구로서 대화하는 것, 친구로서 그분에게 귀 기울이는 것이다. 예수님과 우정을 나누는 데 어느 방법이 가장 도움이 된다고 생각하는가? 그 이유는?

예수님 I

A. 빈 칸에 알맞은 단어

우선순위	유대
과제	갈릴리
목적	예루살렘
약속	부활
지위	다스리신다
창조	기도하신다
사역	우주
소년기	기다리신다
사역	

6장 예수님 II

밭 갈기 | 하나님이자 사람이신 예수님의 본질을 이해함으로써 거짓 가르침에 빠지지 않고, 구체적인 필요들을 예수님께 내놓는 믿음을 갖는다.

예수님께서 사람이자 하나님이시라는 말은 무엇을 의미하는가?

예수님은

- 사람이 하나님이 되신 것인가?
- 사람 안에 내주하는 하나님이신가?
- 하나님께서 사람의 모습으로 나타나신 것인가?
- 사람이 되라고 하나님께 명령받은 영적 존재인가?
- 완전한 하나님이시고 완전한 사람이신가?

"태초에 말씀이 계시니라 이 말씀이 하나님과 함께 계셨으니 이 말씀은 곧 하나님이시니라"(요한복음 1:1)

"…예수 그리스도께서 육체로 오신 것을 시인하는 영마다 하나님께 속한 것이요"(요한일서 4:2)

예수님은 하나님이시다

예수님이 하나님이신 것을 어떻게 아는가?

1. 예수님 자신이 하나님이라고 말씀하셨다.

"…하나님을 자기의 친아버지라 하여 자기를 하나님과 동등으로 삼으심이러라"(요한복음 5:18)

예수님 II

"나와 아버지는 하나이니라…"(요한복음 10:30)

"…나를 본 자는 아버지를 보았거늘…"(요한복음 14:9)

"…아브라함이 나기 전부터 내가 있느니라 하시니"(요한복음 8:58)

예수님에 대해 사람들이 흔히 하는 정말 어리석은 말은 "나는 예수님이 위대한 성인이라고는 생각하지만, 자신이 하나님이라고 주장한 것은 받아들이기 어렵다"는 것이다. 그러나 이러한 논리에는 문제가 있다. 인간에 불과한 한 사람이 자신이 하나님이라고 주장했다면, 그는 위대한 성인으로서의 인격을 갖춘 자가 아니다. 그는 자신이 삶은 달걀이라고 말하는 사람과 같은 수준의 미치광이거나 혹은 마귀일 것이다. 당신은 선택해야 한다. 이 사람은 하나님의 아들이거나, 미치광이, 혹은 더 나쁜 사람일 수 있다. 당신은 그를 미친 사람 정도로 치부하거나, 마귀라 부르며 침을 뱉거나, 그 발 앞에 엎드려 주 하나님으로 부를 수 있다. 그러나 그가 위대한 성인이라고 선심 쓰는 듯한 어리석은 생각은 접어 두자. 그는 자신에 대해 그렇게 말한 적이 없다.[1]   - C.S. 루이스

조시 맥도웰은 예수님이 "사기꾼, 미치광이, 혹은 주님" 중 한 분이라고 말했다.[2]

---

1) C.S. 루이스, 『순전한 기독교』(홍성사 역간)
2) Josh McDowell, *Evidence That Demands a Verdict* (San Bernardino, Calif. : Here's Life Publishers, 1972), 103-7.

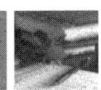

2. _____ 이 그가 하나님이라고 말했다.

이것은 예수님 탄생 전의 예언에서부터 시작된다.

"…그 이름은… 전능하신 하나님이라…"(이사야 9:6)

그리고 이 증언은 그분과 가까웠던 사람들, 그분의 제자들에게로 이어진다.

"…모든 무릎을 예수의 이름에 꿇게 하시고 모든 입으로 예수 그리스도를 주라 시인하여…"(빌립보서 2:10, 11)

빌립보서 2장 10, 11절과 이사야서에서 하나님에 대해 말씀한 내용을 비교해 보라.

"…나는 하나님이라 다른 이가 없느니라 …내게 모든 무릎이 꿇겠고 모든 혀가 맹세하리라 하였노라"(이사야 45:22, 23)

"그 안에는 신성의 모든 충만이 육체로 거하시고"(골로새서 2:9)

"태초에 말씀이 계시니라 이 말씀이 하나님과 함께 계셨으니 이 말씀은 곧 하나님이시니라 그가 태초에 하나님과 함께 계셨고"(요한복음 1:1, 2)

3. 그는 하나님으로 _____ 받았다(마태복음 14:33; 빌립보서 2:10; 히브리서 1:6).

- 많은 이들이 그에게 경배했다 : 치료받은 문둥병자(마태복음 8:2), 여자들(마태복음 15:25), 야고보와 요한의 어머니(마태복음 20:20), 거라사의 귀신 들린 사람(마가복음 5:6), 소경 되었던 사람(요한복음 9:38).
- 그는 그런 경배를 받아들이셨다(요한복음 20:28, 29; 마태복음 14:33, 28:9, 10).

예수님 II

- 그의 제자들이 그에게 기도했다(사도행전 7:59).

4. 그는 오직 _____께서만 하실 수 있는 일들을 하신다.

- 그는 죄를 용서하는 능력을 가지신다(마가복음 2:1~12).
- 모든 _____ 이 그의 손에 있다(요한복음 5:27; 사도행전 17:31).
- 그는 성령을 보내신다(요한복음 15:26).
- 그는 죽은 자들을 일으키신다(요한복음 5:25).
- 그는 _____ 이시다(요한복음 1:3; 골로새서 1:16; 히브리서 1:10).
- 그는 만물을 붙드신다(골로새서 1:17; 히브리서 1:3).

예수님께서 하나님이시라는 주장의 근거는 무엇인가?

누구든 자신이 하나님이라고 주장할 수는 있다. 그러나 차이는 예수님의 삶이 그분의 주장을 뒷받침했다는 것이다.

증거 1 : _____의 성취

"또 이르시되 내가 너희와 함께 있을 때에 너희에게 말한바 곧 모세의 율법과 선지자의 글과 시편에 나를 가리켜 기록된 모든 것이 이루어져야 하리라 한 말이 이것이라 하시고"(누가복음 24:44).

괄호 안의 구약 성경은 예언이며, 신약 성경은 그 성취를 선언한다.
1. 동정녀에게서 탄생(이사야 7:14/ 마태복음 1:21~23)
2. 아브라함의 자손(창세기 12:1~3; 22:18/ 마태복음 1:1; 갈라디아서 3:16)
3. 유다 지파(창세기 49:10/ 누가복음 3:23, 33; 히브리서 7:14)
4. 다윗의 집(사무엘하 7:12~16/ 마태복음 1:1)

5. 베들레헴에서 탄생(미가 5:2/ 마태복음 2:1; 누가복음 2:4~7)
6. 애굽으로 도피(호세아 11:1/ 마태복음 2:14, 15)
7. 헤롯의 유아 살해(예레미야 31:15/ 마태복음 2:16~18)
8. 성령의 기름부음(이사야 11:2/ 마태복음 3:16, 17)
9. 주의 천사들(세례 요한)의 선포(이사야 40:3; 말라기 3:1/마태복음 3:1~3)
10. 기적을 행함(이사야 35:5, 6/ 마태복음 9:35)
11. 복음을 전함(이사야 61:1/ 누가복음 4:14~21)
12. 갈릴리에서 사역(이사야 9:1/ 마태복음 4:12~16)
13. 성전 정화(말라기 3:1/ 마태복음 21:12, 13)
14. 나귀를 타고 왕으로서 예루살렘 입성(스가랴 9:9/ 마태복음 21:4~9)
15. 유대인들에게 배척당함(시편 118:22/ 베드로전서 2:7)
16. 굴욕적인 죽음(시편 22편/ 이사야 53장)
    a. 거절(이사야 53:3/ 요한복음 1:10, 11; 7:5, 48)
    b. 친구의 배반(시편 41:9/ 누가복음 22:3, 4; 요한복음 13:18)
    c. 은 30에 팔림(스가랴 11:12/ 마태복음 26:14, 15)
    d. 정죄하는 자들 앞에서 침묵함(이사야 53:7/ 마태복음 27:12~14)
    e. 조롱당함(시편 22:7, 8/ 마태복음 27:31)
    f. 구타당함(이사야 52:14/ 마태복음 27:26)
    g. 침 뱉음 당함(이사야 50:6/ 마태복음 27:30)
    h. 손과 발이 찔림(시편 22:16/ 마태복음 27:31)
    i. 강도들과 함께 못 박힘(이사야 53:12/ 마태복음 27:38)
    j. 핍박자들을 위해 기도함(이사야 53:12/ 누가복음 23:34)
    k. 옆구리가 찔림(스가랴 12:10/ 요한복음 19:34)
    l. 쓸개 탄 신 포도주를 주어 마시게 함(시편 69:21/ 마태복음 27:34; 누가복음 23:36)
    m. 뼈가 꺾이지 않음(시편 34:20/ 요한복음 19:32~36)

예수님 II

  n. 부자의 무덤에 장사됨(이사야 53:9/ 마태복음 27:57~60)
  o. 제비뽑아 옷을 나눔(시편 22:18/ 요한복음 19:23, 24)
17. 죽음에서 부활하심(시편 16:10/ 마가복음 16:6; 사도행전 2:31)
18. 승천(시편 68:18/ 사도행전 1:9)
19. 하나님 우편에 앉으심(시편 110:1/ 히브리서 1:3)

 집중 탐구

어떤 사람들은 이런 예언의 성취를 '통계적 우연'이라고 한다. 그가 "우연히" 베들레헴에서 탄생했고, 다윗의 가계에서 출생했다는 등이다. 이런 주장에는 두 가지 답을 할 수 있다. 첫째로, 이 예언들은 단순한 우연 이상이었다. 그가 우연히 눈먼 자를 보게 하고, 우연히 죽은 자들 가운데서 살아나셨는가? 그것은 통계적 개연성을 넘어서는 사건들이었다.

두 번째 대답은 너무 많은 예언들이 성취되었다는 것이다. 피터 스토너는 그의 책 『*Science Speaks*』(과학이 말한다)에서 그 예언들 중 여덟 개가 한 사람에게서 성취될 수 있는 수학적 가능성을 계산했다.

> "현재까지 이 땅에서 살았던 사람들 중에 누군가가 이 여덟 개의 예언 모두를 성취했을 가능성은 10^{17}분의 1이라는 것을 우리는 발견했다."

말하자면 100,000,000,000,000,000분의 1의 확률이라는 것이다. 이것이 얼마나 희박한 가능성인지 이해를 돕기 위해, 스토너는 이런 가정을 했다.

> "10^{17}개의 1달러 동전을 텍사스 주에 깐다고 하자. 그러면 주 전체

> 를 60cm 높이로 덮을 수 있다. 이제 그 동전 중 하나에 표시를 하고, 주 전체에 깔린 동전들을 잘 섞는다. 한 사람의 눈을 가리고 어디든지 원하는 곳으로 가서 그 동전을 집어내라고 말한다. 그가 표시한 동전을 찾아낼 가능성이 얼마나 될까? 그것은 선지자들이 자신의 지혜로 여덟 개의 예언을 쓰고 그 모든 예언이 한 사람에게서 성취되는 가능성과 같다."3)
>
> 그러나 예수님은 여덟 개의 예언만 성취하신 것이 아니다. 그는 그의 인생에 대한 구약의 300개 이상의 예언들을 성취하셨다.

증거2 : 그의 _____들

사람들이 예수님께 메시아인 증거를 요구하자, 예수님은 그가 행하신 기적들을 가리키셨다.

> "그들이 예수께 나아가 가로되 세례 요한이 우리를 보내어 당신께 여쭈어 보라고 하기를 오실 그이가 당신이오니이까 우리가 다른 이를 기다리오리이까 하더이다 하니… 예수께서 대답하여 이르시되 너희가 가서 보고 들은 것을 요한에게 알리되 맹인이 보며 못 걷는 사람이 걸으며 나병 환자가 깨끗함을 받으며 귀먹은 사람이 들으며 죽은 자가 살아나며 가난한 자에게 복음이 전파된다 하라"(누가복음 7:20, 22)

소경이 봄(마태복음 9:27~31; 누가복음 18:35~43; 마가복음 8:22~26)
앉은뱅이가 걸음(마태복음 9:2~7)
문둥이가 깨끗함을 받음(마태복음 8:2, 3; 누가복음 17:11~19)
귀머거리가 들음(마가복음 7:31~37)

---

3) Peter W. Stoner, *Science Speaks:Scientific Proof of the Accuracy of Prophecy and the Bible*, 3rd rev. ed. (Chicago : Moody Press, 1969, 100~107.

예수님 II

죽은 자가 살아남(마태복음 9:18, 19; 23~25; 누가복음 7:11~15; 요한복음 11:1~44)
복음이 전파됨(마태복음 11:5)

증거3 : 그의 _____

예수님은 자신의 부활을 예언하셨을 뿐 아니라, 정확한 기간까지 말씀하셨다.

"예수께서 대답하여 이르시되 너희가 이 성전을 헐라 내가 사흘 동안에 일으키리라"(요한복음 2:19)

"요나가 밤낮 사흘 동안 큰 물고기 뱃속에 있었던 것같이 인자도 밤낮 사흘 동안 땅속에 있으리라"(마태복음 12:40)

"인자가 많은 고난을 받고 장로들과 대제사장들과 서기관들에게 버린 바 되어 죽임을 당하고 사흘만에 살아나야 할 것을 비로소 그들에게 가르치시되"(마가복음 8:31)

그는 자신이 부활할 수 있는 능력과 권위를 가지고 있다고 말씀하셨다.

"내가 내 목숨을 버리는 것은 그것을 내가 다시 얻기 위함이니 이로 말미암아 아버지께서 나를 사랑하시느니라 이를 내게서 빼앗는 자가 있는 것이 아니라 내가 스스로 버리노라 나는 버릴 권세도 있고 다시 얻을 권세도 있으니 이 계명은 내 아버지에게서 받았노라 하시니라"(요한복음 10:17, 18)

예수님은 사람이시다

예수님께서 사람이신 것을 어떻게 알 수 있는가?

1. 인간으로 _____하셨다(이사야 7:14~16; 마태복음 1:23; 갈라디아서 4:4).

   - 동정녀에게 나심

2. 그는 인간으로서 _____하셨다(누가복음 2:52).

   예수님이 인간으로 성장하신 네 가지 면을 보자.
   - _____으로
   - _____으로
   - _____으로
   - _____으로

3. 그는 인간의 _____ 을 경험하셨다.

   예수님은 이런 감정들을 느끼셨다.
   - 애통(요한복음 11:35)
   - 슬픔(마태복음 26:38)
   - 기이히 여김(마태복음 8:10)
   - 사랑(불신자에 대한 사랑:마가복음 10:21, 친구에 대한 사랑:요한복음 11:5, 제자들에 대한 사랑 : 요한복음 13:1, 모친에 대한 사랑 : 요한복음 19:26, 27)
   - 이상히 여김(마가복음 6:6)
   - 고민(마가복음 14:33)
   - 긍휼(마가복음 1:41)
   - 분노(마가복음 3:5)

예수님 II

4. 그는 인간으로서의 _____ 과 _____ 를 가지셨다.

- 그는 피곤하셨다(요한복음 4:6; 마가복음 4:38).
- 그는 주리셨다(마태복음 4:2).
- 그는 목마르셨다(요한복음 19:28).
- 그는 고뇌하셨다(누가복음 22:44).
- 그는 유혹을 받으셨다(마태복음 4:1~11).
- 그는 돌아가셨다(누가복음 23:46).

짚고 넘어갑시다

성육신

'성육신'이라는 말은 라틴어로 '육신을 입은'이라는 뜻을 가진 단어에서 기원했다. 예수님이 베들레헴에 탄생하신 것은 하나님께서 이 세상으로 성육신하신 것이었다. 하나님은 인간의 육체를 입고 우리에게 오셨다.

예수님은 완전한 하나님이자 완전한 사람이시다

A.D. 451년, 예수님의 본질에 대한 당시의 거짓 가르침에 대응하기 위해 칼케돈 공의회가 소집되었다. 예수님은 완전한 하나님이시고 완전한 사람이시라는 진리를 재확인한 유명한 '칼케돈 신조'를 살펴보자. 예수님은 "혼란, 변화, 분열, 분리 없이 공존하는 두 본질로 존재하시며, 그 두 본질은 연합해 있으나 본질 간의 차이는 엄연히 존재하며, 각 본질의 특성이 한 위격 안에 담겨 있고 공존한다."
이 어려운 문장은 도대체 무슨 의미를 담고 있는 것일까?

- 예수님은 100%의 시간 동안 100% 하나님이시고 100% 사람이시다 (수학적으로는 비논리적이지만, 신학적으로는 완전하다).

- 예수님은 사람 안에 내주하는 하나님이 아니셨다. 그는 하나님이 된 사람도 아니셨다. 그는 인간의 모습으로 나타난 하나님이 아니셨다. 그의 한 인격 속에는 두 본질이 공존했다. 그는 완전한 하나님이셨고, 동시에 완전한 사람이셨다.
- 예수님에게는 완전한 인성과 전지전능한 신성이 공존했다.

짚고 넘어갑시다

위격적 연합(Hypostatic Union)

온전한 신성과 완전한 인성이 한 위격 안에 연합했다는 것은 예수님께서 과거에 하나님과 인간이 되셨을 뿐 아니라, 앞으로도 영원히 하나님과 인간이실 것을 의미한다.

1. 예수님은 항상 하나님이셨다(요한복음 1:2).
2. 예수님은 계속 하나님이시면서 인간이 되셨다(요한복음 1:14).
3. 예수님은 하나님과 인간으로 계속 존재하실 것이다(사도행전 1:9~11).

예수님은 자신의 능력을 육체 속에 감추고 완전한 사람이 되셨다.
그러나, 온전한 능력을 소유하심으로써 여전히 완전한 하나님이시다.

예수님은 자신을 제한하셨다

- 사람의 형체를 가지심으로(빌립보서 2:6~8)
- 한 번에 한 장소로 자신의 임재를 제한하심으로
- 아버지의 "더 크신" 권위를 인정하심으로(요한복음 14:28)
- 지식을 제한하심으로(마태복음 24:36)

예수님 II

예수님께서 자신을 제한하셨으나 여전히 하나님이시라는 개념은 이해하기 어려운 부분이다. 하나님은 우리보다 훨씬 더 위대하시므로 그분에 대한 진리 중에는 우리가 이해하기 어려운 것이 많다는 것을 다시 한 번 기억해야 할 때이다.

인간이신 예수님의 능력은 줄어들지 않았다

- 지상에 계실 때도 그는 여전히 완전한 하나님이셨다.
- 사람으로 태어나고, 이 땅 위를 걷고, 십자가에서 돌아가시는 것은 삼위일체이신 그분 자신이 결정하신 과정이었다.

지상에 계시는 동안에도 그는 스스로 자신의 능력을 제한하셨다. 사탄이 유혹했을 때 그분은 돌들을 떡으로 바꾸실 수도 있었다(누가복음 4:3). 십자가에서 1만 명의 천사들을 불러 그를 구하게 하실 수도 있었다(마태복음 26:53). 그러나 그분은 그렇게 하지 않으셨다.

 기억합시다

빌립보서 2장 5~11절은 사람이 되겠다고 결정하신 예수님 스스로의 의지에 대해 말씀하는 가장 감동적인 한 부분이다. "너희 안에 이 마음을 품으라 곧 그리스도 예수의 마음이니"라고 말씀한 것에 주목하라. 바울은 무엇을 말하고 있는가? 사람이 되기로 하신 예수님의 의지에서 어떤 태도가 드러나는가?

3, 4절에 예수님의 성품을 담은 구체적 내용들이 등장한다.
- 아무 일에든지 다툼으로 하지 말라.
- 아무 일에든지 허영으로 하지 말라.
- 자기보다 남을 낫게 여기라.
- 자신만 생각하지 말라.
- 다른 사람들의 유익을 돌아보라.

이러한 주님의 성품은 _____ 이다.
완전한 사람으로서, 예수님은 우리의 필요를 _____ 는 것을 보여 주신다.
완전한 하나님으로서, 예수님은 우리의 필요를 _____ 는 것을 보여 주신다.

암송 카드 3번, '예수님'을 암송하라.

예수님 II

Q 토의

1. 다른 그리스도인들과의 교제가 어떻게 하나님의 사랑을 새롭게 발견하도록 도와준다고 생각하는가?

2. 예수님을 가장 좋은 친구로 모시고 살았던 지난 한 주에 대해 나눠 보자. 일상생활 속에서 어떤 방법으로 예수님과의 친밀함과 우정을 느꼈는가? 어려움을 겪고 난 후, 예수님께서 얼마나 가까이 계신지 그제서야 알게 되었던 경험이 있는가? (힘들었던 경험을 나누는 것을 두려워하지 말라. 똑같은 어려움을 겪었던 사람들에게 위로가 될 것이다.)

3. 예수님이 하나님이시라는 세 가지 증거 중 어떤 것이 당신에게 가장 의미 있게 다가오는가? 왜 그 증거가 가장 중요하다고 생각하는가?

4. 이런 증거가 있음에도, 많은 사람들이 여전히 예수님 믿기를 주저한다. 물리적 증거와 개인적 믿음으로 증거하는 것의 차이는 무엇인가? 아무 증거가 없더라도 우리는 믿음을 가져야 하는 것일까? 증거가 많으면 우리는 더 큰 확신을 가질 수 있을까?

5. 예수님께서 완전한 하나님이시라는 사실과 완전한 사람이시라는 사실 중에 어떤 것이 더 받아들이기 어려운가? 일반적으로, 불신자들은 예수님을 하나님으로 믿는 것을 어려워하고, 신자들은 예수님의 인간적 측면을 보는 것을 어려워한다.

6. 예수님은 사람이 되셨기 때문에 우리의 갈등과 약함을 익히 아신다. 예수님께서 공감해 주시기 때문에 특히 감사한 부분은 무엇인가?

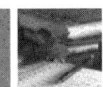

session 6

피곤	유혹	감정	실망
배신	관계	스트레스	기타 : _____

7. 예수님의 삶은 남을 섬기는 삶이셨다. 그분과 가까이했던 사람들은 점점 더 그분을 닮아서 남들을 섬기게 되었다. 이번 한 주 동안 당신이 예수님의 이름으로 섬겨야 할 사람은 누구인가? 거창하거나 눈에 띄게 섬길 필요는 없다. 마태복음 10장 42절에서 예수님은 "또 누구든지 제자의 이름으로 이 소자 중 하나에게 냉수 한 그릇이라도 주는 자는 내가 진실로 너희에게 이르노니 그 사람이 결단코 상을 잃지 아니하리라"고 말씀하셨다.

이번 한 주, 예수님의 이름으로 사소해 보이는 봉사를 할 방법을 찾아보자. 예수님의 이름으로 섬기고 있다고 사람들에게 말할 필요도 없다. "아무것도 바라는 것 없이 그저 우리 주님 예수 그리스도의 이름으로 당신에게 이 커피 한 잔을 드립니다"라고 말할 필요도 없다. 주목받지 말고 섬겨 보라.

참고 도서 | 폴 리틀, 『이것을 믿는다』(생명의말씀사 역간)
맥스 루케이도, 『하나님이 내게로 오셨다』(좋은씨앗 역간)
리 스트로벨, 『예수는 역사다』(두란노 역간)
필립 얀시, 『내가 알지 못했던 예수』(요단 역간)

예수님 II

 빈 칸에 알맞은 단어

제삼자들   지적
경배   신체적
하나님   영적
심판   사회적
창조자   감정
예언   경험, 욕구
기적   겸손
부활   이해하신다
탄생   채워 주신다
성장

7장 성령 I

밭 갈기	• 삶 속에 임재하시는 성령을 통해 하나님과의 관계를 견고히 한다.
	• 성령께서 어떻게 내 삶 속에 역사하고 계신지 믿음의 눈으로 목도한다.

우리 대부분에게 성령은 신비로운 대상이다. 그분은 인간의 형체를 가진 분이 아니다. 성경에서 그분을 묘사할 때에도 상징(기름, 불, 바람, 비둘기)을 사용하여, 특정한 형상을 보여 주지 않는다. 성경은 성부 하나님과 성자 하나님처럼 성령 하나님께도 예배하고, 사랑하고, 순종해야 한다고 가르친다. 우리는 그분을 인격적으로 알아 갈 수 있다.

지난 시간에 우리는 하나님이 어떤 분이라고 배웠는가?
1. 하나님은 삼위일체, 한 존재 안의 세 위격으로서 우리와 관계하신다.
2. 그러나 하나님은 세 분이 아니라 한 분이시다(신명기 6:4).
3. 아버지께서 하나님이시고, 아들께서 하나님이시고, 성령께서 하나님이시다.
4. 세 위는 서로 구별되지만 하나이시다.

성령 I

역사적 배경

구약 시대에는 성령께서 _____ 목적들을 위해 _____ 때에 사람들 위에 임하셨다. 그러나 누구에게도 _____ 내주하지는 않으셨다.

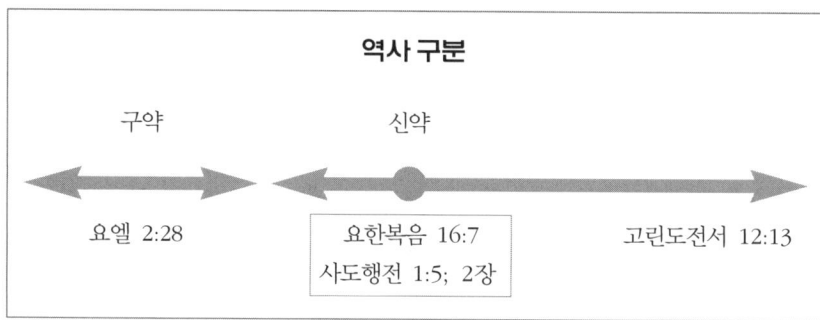

오늘날 성령의 역할은 무엇인가?

성령께서 내게 _____을 주신다.

정의 : _____하신다.

"예수께서 대답하여 이르시되 진실로 진실로 네게 이르노니 사람이 거듭나지 아니하면 하나님의 나라를 볼 수 없느니라"(요한복음 3:3)

"우리를 구원하시되 우리가 행한바 의로운 행위로 말미암지 아니하고 오직 그의 긍휼하심을 따라 중생의 씻음과 성령의 새롭게 하심으로 하셨나니"(디도서 3:5)

그리스도를 만나기 전, 나는 영적으로 _____ .
이제 나는 거듭남으로 영적으로 _____ .

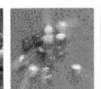

session 7

"살리는 것은 영이니 육은 무익하니라 내가 너희에게 이른 말은 영이요 생명이라"(요한복음 6:63)

성령께서 내게 _____를 주신다.

1. 성령 세례는 그리스도인을 그리스도의 _____ 과 _____ 안에 둔다.

   "우리가 유대인이나 헬라인이나 종이나 자유인이나 다 한 성령으로 세례를 받아 한 몸이 되었고 또 다 한 성령을 마시게 하셨느니라"(고린도전서 12:13)

우리가 "그리스도 안에"(에베소서 1:13) 있음을 증거하는 말씀이 신약에 150구절이나 있다.

2. 성령 세례는 구원의 순간에 일어나는 _____ 이다.

3. 성령 세례는 성도들의 _____ 이다.

   "너희가 다 믿음으로 말미암아 그리스도 예수 안에서 하나님의 아들이 되었으니 누구든지 그리스도와 합하기 위하여 세례를 받은 자는 그리스도로 옷 입었느니라"(갈라디아서 3:26, 27)

   "우리가… 다 한 성령으로 세례를 받아 한 몸이 되었고 또 다 한 성령을 마시게 하셨느니라"(고린도전서 12:13)

성령 세례는 모든 성도들이 받는 은사다. 성경 어디에서도 그리스도인들에게 성령 세례를 소망하거나 구하라고 하지 않는다. 우리는 그것을 받기 위해 기도하거나, 간구하거나, 애쓸 필요가 없다. 우리는 이미 성령 세례를 받았기 때문이다.

성령 I

주의 : 성령 세례에 대한 오해는 대부분 성령 세례와 성령 충만을 구별하지 못하는 데서 온다. 성령 세례는 우리가 예수 그리스도와 관계를 맺을 수 있도록 하나님께서 주시는 것이다. 그리고 성령 충만은 우리가 매일 성령의 통치에 순복하는 경험이다. 다음 장에서는 성령 충만에 대해 자세히 다루게 될 것이다.

성령께서 내게 _____ .

"너희 몸은 너희가 하나님께로부터 받은바 너희 가운데 계신 성령의 전인 줄을 알지 못하느냐"(고린도전서 6:19)

성령은 우리 삶 속에서 살기 위해 우리 안에 오셨다.

성령께서 내게 _____ .

"그 안에서 너희도 진리의 말씀 곧 너희의 구원의 복음을 듣고 그 안에서 또한 믿어 약속의 성령으로 인치심을 받았으니"(에베소서 1:13)

"인"은 _____ 과 _____ 의 의미를 함축한다.

성령은 하나님 약속의 _____ 이다.

"이는 우리 기업의 보증이 되사 그 얻으신 것을 속량하시고 그의 영광을 찬송하게 하려 하심이라"(에베소서 1:14)

"곧 이것을 우리에게 이루게 하시고 보증으로 성령을 우리에게 주신 이는 하나님이시니라"(고린도후서 5:5)

"우리는 미쁨이 없을지라도 주는 항상 미쁘시니 자기를 부인하실 수 없으시리라"(디모데후서 2:13)

session 7

 기억합시다

1. 이 시간을 통해, 당신 자신이 성령을 통해 거듭난 적이 있는지 없는지 알 수 있었을 것이다. 거듭나지 못했다면 하나님께 나아오라. 자신의 쾌락만을 위해 살았던 삶을 회개하라. 그리고 새로운 생명과 영원한 삶을 그분께 구하라.

2. 그동안 성령 세례가 무엇인지 헷갈렸을 수 있다. 무엇인가 특별한 하나님과의 경험을 가져야 당신의 삶이 변할 수 있을 것이라 생각하고, 기도하고 구했을 수 있다. 그러나 당신에게는 이미 그 기적이 일어났다는 것을 알게 되었다. 당신을 그리스도 안에 살게 하셔서 하나님의 가족으로 받아 주신 것을 감사하라. 하나님의 역사는 너무나도 강력하고 완전하여 이 사실은 결코 변하지 않는다는 것을 하나님께 감사하라. 당신은 그리스도 안에 있기 때문에 이제 하나님께서 예수님의 의로 싸여 있는 당신만을 보시게 된 것을 감사하라. 당신은 하나님 앞에서 순결하고, 흠이 없고, 거룩하다.

3. 하나님의 약속이 신실하고, 당신과 영원히 함께하신다는 맹세가 깨지지 않는다는 사실을 놓고 하나님께 감사하라. 하나님이 당신에게 인을 쳐 주셨기 때문에 이제 구원을 빼앗길 염려가 없음을 성령께 감사하라. 당신에게 약속된 모든 것을 받고, 하나님의 약혼반지가 결혼반지로 바뀌고, 천국에서 어린양의 혼인 잔치에 그분과 함께 앉게 될 때를 잠깐 머릿속에 그려 보자.

암송 카드 4번, '성령'을 암송하라.

성령 I

 부록

성령은 오순절에 새로운 사역을 시작하셨고, 그것은 지금 우리에게도 이어지고 있다. 예수님이 부활하고 승천하시기 전까지 성령이 때로 사람들에게 임하기도 하셨지만, 결코 어떤 개인 안에 내주하거나 거하지는 않으셨다.

요엘 선지자는 언젠가 하나님께서 "신을 만민에게 부어"(요엘 2:28) 주실 것이라고 예언했다. 예수님께서는 아버지께로 돌아가신 후에 성령을 제자들에게 보내 주시겠다고 약속하셨다.

"그러나 내가 너희에게 실상을 말하노니 내가 떠나가는 것이 너희에게 유익이라 내가 떠나가지 아니하면 보혜사가 너희에게로 오시지 아니할 것이요 가면 내가 그를 너희에게로 보내리니"(요한복음 16:7)

예수님께서 승천하신 지 열흘 후, 120명의 성도들이 다락방에 모여서 성령을 기다리며 기도하고 있었다. 그때 홀연히 하늘로부터 급하고 강한 바람 같은 소리가 있어 저희 앉은 온 집에 가득하며 불의 혀같이 갈라지는 것이 저희에게 보여 각 사람 위에 임하였고, 그들은 다 성령의 충만함을 받고 성령이 말하게 하시는 대로 각기 다른 방언으로 말하기 시작했다(사도행전 2:1~4).

그리고 얼마 후, 베드로가 오순절에 일어난 일을 많은 무리에게 설명하면서, 그 은사를 "성령의 선물"이라고 설명했다. 그는 청중에게 회개하여 세례 받고 성령을 받으라고 권했다(사도행전 2:38). 요엘서의 예언에 대한 베드로의 이해는 다음과 같은 두 가지였다. 하나님이 부르신 자들에게는 구원이 약속되었을 뿐 아니라, 그들은 성령의 세례를 선물로 받는다. 그날 3,000명의 사람들이 베드로의 초청에 응답하여 물로 세례를 받았다(사도행전 2:41).

그러나 그 3,000명은 다락방의 120명이 경험한 기적(급하고 강한 바람, 불의 혀, 방언을 말함)을 보지는 못한 것 같다. 무슨 차이가 있었을까? 120명은 기존 성도들이었고 예수님을 따른 지 몇 달 혹은 몇 년 후 성령의 세례를 받은 것이었다. 그리고 베드로의 설교를 들은 3,000명은 죄 사함과 성령의 선물을

session 7

동시에 받은 비그리스도인들이었다. 이 차이는 중요하다. 왜냐하면 오늘날 그리스도인들이 대부분 경험하는 것은 120명이 겪은 사건이 아니라, 3,000명이 경험했던 성령 세례이기 때문이다. 120명의 경험이 특별했던 것은 그들이 오순절 전에는 성령을 받지 못했기 때문이라는 단순한 차이 때문이었다. 그러나 오순절 후에는, 모든 성도들이 죄 사함과 성령의 선물(세례)을 동시에 받았다.

그리스도인들이 혼란에 빠지기 쉬운 또 다른 두 가지 예외가 있다. 사도행전 8장과 사도행전 19장에 나오는 이야기들이다.

사도행전 8장 15~17절에서, 빌립이 사마리아에 복음을 전하자 많은 사람들이 믿고 세례를 받았다. 그러나 좀 특별했던 것은 예루살렘의 사도들이 그것을 듣고서 베드로와 요한을 보내어 그 경험의 진위를 확인하게 했다는 것이다. 한 가지 이유는 그 성도들이 사마리아인이라는 것이었다. 당시 유대인들은 "사마리아인과 상종치 아니"(요한복음 4:9)했다. 그들의 적대 관계는 수세기 동안 이어져 온 것이었기 때문에, 이로 인해 교회 내에 큰 분열을 야기할 수 있었다. 따라서 두 명의 지도급 사도들이 사실을 조사하고 이들에게 안수함으로써 사마리아인들의 회심을 인정할 때까지 하나님은 성령의 선물을 잠시 보류하셨다. 그러나 이것은 매우 특별한 상황이었기 때문에 오늘날 성령을 받는 성도들과는 비교하기 힘든 부분이다.

또 하나, 사도행전 19장 1~7절에서 바울이 만났던 열두 명은 그리스도인들이었던 것 같지는 않다. 그들은 "제자들"이었지만, 사실은 세례 요한의 제자들이었던 것으로 드러난다. 바울은 "너희가 믿을 때에 성령을 받았느냐"고 묻는다. 바울도 처음에는 그들이 성도인 줄 알았던 모양이다. 그러나 그들은 성령에 대해 전혀 듣지 못했고 "오시는 이"가 예수님이시라는 것도 몰랐다. 바울은 그들에게 안수했을 뿐 아니라, 그 전에 먼저 주 예수의 이름으로 세례를 주었다. 성령에 대해서 들은 적도 없고, 그리스도의 이름으로 세례도 받지 않았고, 그리스도를 믿은 적도 없는 사람을 그리스도인이라고 부를 수 있을까? 아니다. 요한의 제자들은 오늘날의 그리스도인들과는 다른 경우였다.

우리는 하나님을 나누어 받아들이지 않는다. 하나님은 세 하나님이 아니라, 한 분이시다. 그렇기 때문에 예수님을 영접할 때 하나님을 영접하고 성령님

성령 | 101

성령 I

도 영접하는 것이다. 한 번에 한 하나님씩 영접하지 않는다. 하나님은 하나이신 셋이며, 함께 임하신다.

사도행전에 성령이 "임하신" 상황이 각기 다르게 세 번 나오는 것은 유대인, 사마리아인(유대인과 이방인의 혼혈), 이방인들이 모두 하나님의 몸에 속한다는 것을 보여 주시기 위해서다. 기독교는 단순히 유대인의 종교가 아니었다. 그것은 사도행전 1장 8절 말씀대로 복음이 예루살렘과 유대와 사마리아와 땅 끝까지 이른다는 사실을 증거한 사건들이었다.

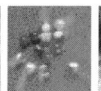

Q 토의

1. 그리스도인의 성장에 있어서 우리는 얼마만큼 왔나보다, 얼마나 더 가야 하는지에만 신경 쓰기 쉽다. 그러지 않기 위해, 당신의 삶 속에서 만나게 되는 하나님의 역사 한두 가지를 그룹원과 나누어 보자.

2. 왜 우리는 성령을 (인격으로 생각하기보다) 차가운 물체처럼 생각하고, 때로는 심지어 삼위일체 중 가장 계급이 낮은 하나님이라고까지 생각할까?

3. 요한복음 3장 1~16절을 다시 읽어 보자. 왜 니고데모 같은 종교적인 사람이 영적 거듭남을 이해할 수 없었을까? 예수님께서 그에게 하신 말씀을 들으니 성령으로 거듭난다는 것이 무슨 의미인지 이해가 되는가?

4. '세례받다' 라는 단어는 문자적으로 물속에 완전히 잠기는 것을 의미한다. 하나님의 성령에 온전히 잠긴다는 것은 어떤 의미일까? 우리 모두가 하나님의 성령에 완전히 잠겨 있다는 것을 잊지 않는다면, 다른 성도들을 대하는 당신의 태도는 어떻게 달라질 수 있을까?

5. 성령이 인치심으로 성도들은 구원에 대해 큰 평안을 누리게 된다. 당신의 삶에서 그 안정감을 정기적으로 공급받아야 할 영역은 무엇인가?

6. 고린도후서 3장 3절은 우리의 사명을 늘 상기시킨다.

    "너희는… 그리스도의 편지니 이는 먹으로 쓴 것이 아니요 오직 살아 계신 하나님의 영으로 한 것이며 또 돌비에 쓴 것이 아니요 오직 육의 심비에 한 것이라"(고린도후서 3:3)

성령 I

하나님께서 그룹원들의 마음의 비, 심비(心碑)에 무엇을 쓰고 계실까? 서로의 심비에 쓰인 그리스도의 편지를 생각해 보며 격려해 주는 시간을 갖자.

한 사람씩 돌아가며 나누라. "하나님의 성령께서 당신의 삶에 이렇게 일하시는 것 같아요"라고 말하라. 한 사람마다 최소한 두세 명의 다른 사람들이 이야기해 주어야 할 것이다. 처음에는 좀 어색할 수 있지만, 홈런을 친 사람에게 환호하고 승진한 사람도 축하해 주는데, 하물며 개인의 삶에 일어난 하나님의 역사를 송축하는 것은 얼마나 더 중요하겠는가.

 빈 칸에 알맞은 단어

특정한, 다양한, 영원히	일회성 사건
중생	보편적인 경험
거듭나게	내주하신다
죽었다	인치신다
살아났다	소유권, 보호
세례	보증
몸, 그리스도	

 # 8장 성령 II

 밭 갈기
- 성령 세례와 성령 충만의 차이를 분명히 이해한다.
- 하나님의 성령이 자신 안에 충만하다는 사실을 깨닫고 성령이 함께하시는 삶을 살기 시작한다.

지난 시간에 배운 내용

예수님이 부활하고 승천하시기 전까지는, 성령께서 특정 개인에게 특별한 때에 특별한 이유로 임하시곤 하셨다. 그러나 결코 사람 안에 영원히 거하지는 않으셨다. 오순절에 예수 그리스도를 믿는 자들에게 성령께서 임하셨을 때에야, 구약 요엘서 2장 28절의 예언이 성취된 것이다. 그때 이후로, 모든 그리스도인들은 구원받는 순간에 성령으로 세례를 받는다.

지난 시간에 우리 안에서 일어나는 성령의 역사의 네 가지 측면을 보았는데, 그것은 중생, 세례, 내주, 인치심이다.

1. 중생은 "새로운 탄생"을 의미한다. 그리스도를 영접하면서, 나는 새로 태어났다. 거듭난 것이다.

2. 성령 세례는
   a. 하나님께서 나를 그리스도의 몸(교회)과 그리스도 안에 거하게 하시는 것이다.
   b. 구원받는 순간에 단 한 번 일어나는 사건이다.
   c. 성도들이 당연하게 경험하는 사건이다(고린도전서 12:13).
   d. 하나님의 모든 것을 한 번에 영접하는 것이다. 하루는 하나님을 영접하고, 나중에 예수님을, 또 좀 더 후에 성령을 영접하는 것이 아니다. 하나님께서는 세 분이 하나가 되신, 삼위일체시다.

성령 II

3. 성령의 내주는 하나님께서 인격적으로 내 안에 거하신다는 의미다.

4. 성령으로 인치신다는 것은 하나님이 소유하고 보호한다는 징표를 내 삶에 두신다는 것이다.

5. 성령은 하나님께서 내게 약속하신 모든 것들이 언젠가 내게 이루어질 것임을 보장하신다.

이번 장에서는 성령 충만에 대해 함께 살펴보자.

성령 충만을 왜 받아야 하는가?

성경은 모든 사람이 세 가지 영적 상태 중 하나에 속한다고 말씀한다.[1]

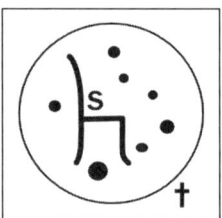

"그는 허물과 죄로 죽었던 너희를 살리셨도다 그때에 너희가 그 가운데서 행하여 이 세상 풍조를 따르고 공중의 권세 잡은 자를 따랐으니 곧 지금 불순종의 아들들 가운데서 역사하는 영이라"(에베소서 2:1, 2)

"육에 속한 사람은 하나님의 성령의 일들을 받지 아니하나니 이는 그것들이 그에게는 어리석게 보임이요, 또 그는 그것들을 알 수도 없나니 그러한 일은 영적으로 분별되기 때문이라"(고린도전서 2:14)

---

[1] 한국대학생선교회, 『성령 충만한 생활의 비결을 발견하셨습니까?』(순출판사 역간)에서 삽화 인용함.

_____ 그리스도인

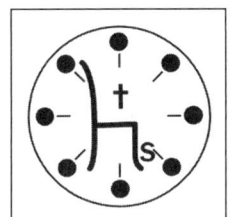

"신령한 자는 모든 것을 판단하나 자기는 아무에게도 판단을 받지 아니하느니라"(고린도전서 2:15)

"육신의 생각은 사망이요 영의 생각은 생명과 평안이니라"(로마서 8:6)

_____ 그리스도인

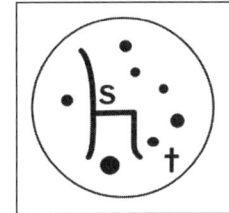

"형제들아 내가 신령한 자들을 대함과 같이 너희에게 말할 수 없어서 육신에 속한 자 곧 그리스도 안에서 어린아이들을 대함과 같이 하노라 내가 너희를 젖으로 먹이고 밥으로 아니하였노니 이는 너희가 감당하지 못하였음이거니와 지금도 못하리라 너희는 아직도 육신에 속한 자로다 너희 가운데 시기와 분쟁이 있으니 어찌 육신에 속하여 사람을 따라 행함이 아니리요"(고린도전서 3:1~3)

로마서 7장에서는 "나"라는 단어가 27회 사용된다. 로마서 8장에서는 "영"(Spirit)이라는 단어가 19회 사용된다. 로마서 7장에서 패했던 우리가 어떻게 로마서 8장에서 승리할 수 있는가? 그 열쇠는 하나, 성령의 충만이다.

성령 II

성령 충만이란 무엇인가?

"술 취하지 말라 이는 방탕한 것이니 오직 성령의 충만을 받으라 시와 찬미와 신령한 노래들로 서로 화답하며 너희의 마음으로 주께 노래하며 찬송하며 범사에 우리 주 예수 그리스도의 이름으로 항상 아버지 하나님께 감사하며 그리스도를 경외함으로 피차 복종하라"(에베소서 5:18~21)

에베소서 5장 18~21절에서 볼 수 있는 네 가지 사실

이 성경 구절의 문법 구조를 통해 네 가지 진리를 알 수 있다.

1. "충만을 받으라"에 사용된 동사는 복수형이다. 따라서 _____ 충만을 받아야 한다.
2. "충만을 받으라"에 사용된 동사는 현재 시제다. 따라서 _____ 행동이다.
3. "충만을 받으라"에 사용된 동사는 수동형이다. 따라서 충만은 _____에게 되어지는 일이다.
4. "충만을 받으라"에 사용된 동사는 명령형이다. 따라서 이것은 _____ 이다.

성령 세례	성령 충만
신분적* 사실	경험적* 사실
명령이 아님	명령
일회성 사건	지속적 사건
능력을 받을 수 있는 자격을 준다	능력 그 자체

*신분적 사실은 그리스도 안의 믿음으로 우리가 누구인가에 관한 것이다. 그리고 경험적 사실은 그 신분에 근거하여 우리가 어떻게 살아야 할 것인가에 관한 것이다. 하나는 뿌리이고 다른 하나는 열매인 셈이다.

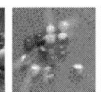

성령 충만의 증거

성령 충만한 상태인지 어떻게 알 수 있을까? 성령 충만의 증거에 대해 세 가지로 나누어서 살펴보자. 성령 충만에 수반될 수도 있고 수반되지 않을 수도 있는 경험들, 성령 충만에 대한 오해들, 그리고 성령 충만의 참된 증거들.

개인적 경험은 성령 충만에 수반될 수도 있고 수반되지 않을 수도 있다.

감정 중심 : 감정이나 느낌은 성령 충만의 필수적인 부분이 아니다.
특별한 능력 : 하나님께서는 우리의 한계와 자연 질서 안에서 역사하신다.
개인적 카리스마 : 성령 충만으로 오해하기 쉽다.
마음의 안정과 평온 : 성령 충만했던 위대한 성도들도 좌절, 낙심, 실망을 경험했다.
방언 : 역사적으로, 성령 충만할 때 방언으로 말하는 성도들도 있었지만, 대부분은 그렇지 않았다.

성령 충만에 관한 오해들

성령 충만하면 문제가 해결된다 : 성령 충만이 모든 문제를 사라지게 하지는 않는다. 그러나 문제 앞에 대처하는 힘과 지혜를 준다. 사도 바울이 그 예이다(고린도후서 6:3~10).
성령 충만하면 시험을 만나지 않는다 : 예수님은 세례를 받으시고 성령께서 임하신 직후 역사상 최대의 시험에 직면하셨다. 성령 충만할 때, 그렇지 않을 때보다 더 많은 시험을 당하기도 한다.
성령 충만하면 죄를 짓지 않고 완전해진다 : 사실과 전혀 다르다. 모든 그리스도인은 죄를 짓는다. 그리고 하나님이 용서하셨음을 믿어야 하고 매일 새롭게 성령으로 채워 주시기를 간구해야 한다.

성령 II

성령 충만의 성경적 · 일반적 증거

- 성령의 은사

    "각 사람에게 성령을 나타내심은 유익하게 하려 하심이라"(고린도전서 12:7)

- 성령의 열매

    "오직 성령의 열매는 사랑과 희락과 화평과 오래 참음과 자비와 양선과 충성과 온유와 절제니 이 같은 것을 금지할 법이 없느니라"(갈라디아서 5:22, 23)

- 성령의 능력

성령께서 전도의 능력을 주신다(사도행전 1:8; 에베소서 3:20).

사도들은 완전하지 못했으나, 성령 충만함으로 확신과 담대함을 가졌다(사도행전 4:29).

성령 충만을 어떻게 받을 수 있는가?

성령 충만은 우리가 깨달은 모든 죄를 사함받고 우리 삶의 모든 영역에서 예수 그리스도께 복종할 때 받게 된다.

"내가 아버지께 구하겠으니 그가 또 다른 보혜사를 너희에게 주사 영원토록 너희와 함께 있게 하리니 그는 진리의 영이라 세상은 능히 저를 받지 못하나니 이는 그를 보지도 못하고 알지도 못함이라 그러나 너희는 저를 아나니 저는 너희와 함께 거하심이요 또 너희 속에 계시겠음이라"(요한복음 14:16, 17)

1. 성령 충만에 대한 _____을 인식하고 갈망하라.

    "명절 끝날 곧 큰 날에 예수께서 서서 외쳐 이르시되 누구든지 목마르거든 내게로 와서 마시라 나를 믿는 자는 성경에 이름과 같이 그 배에서

생수의 강이 흘러나오리라 하시니 이는 그를 믿는 자들이 받을 성령을 가리켜 말씀하신 것이라 (예수께서 아직 영광을 받지 않으셨으므로 성령이 아직 그들에게 계시지 아니하시더라)"(요한복음 7:37~39)

2. 죄를 _____ 하고 하나님께서 깨끗케 하심을 받아들여라.

"만일 우리가 우리 죄를 자백하면 그는 미쁘시고 의로우사 우리 죄를 사하시며 모든 불의에서 깨끗하게 하실 것이요"(요한일서 1:9)

"내 백성이 두 가지 악을 행하였나니 곧 그들이 생수의 근원되는 나를 버린 것과 스스로 웅덩이를 판 것인데 그것은 그 물을 가두지 못할 터진 웅덩이들이니라"(예레미야 2:13)

3. 성령의 통치에 당신의 _____를 내어 드리라.

● 매일 예수님께서 나의 주인이 되시게 하라.

"내가 그리스도와 함께 십자가에 못 박혔나니 그런즉 이제는 내가 사는 것이 아니요 오직 내 안에 그리스도께서 사시는 것이라 이제 내가 육체 가운데 사는 것은 나를 사랑하사 나를 위하여 자기 자신을 버리신 하나님의 아들을 믿는 믿음 안에서 사는 것이라"(갈라디아서 2:20)

● 매일 자기를 부인하라.

"무리와 제자들을 불러 이르시되 아무든지 나를 따라 오려거든 자기를 부인하고 자기 십자가를 지고 나를 따를 것이니라 누구든지 제 목숨을 구원하고자 하면 잃을 것이요 누구든지 나와 복음을 위하여 자기 목숨을 잃으면 구원하리라"(마가복음 8:34, 35).

4. 말씀대로 당신을 충만하게 하실 하나님을 _____ .

성령 II

> **말씀을 삶 속으로**
>
> 1. 어느 그림이 지금 이 순간 당신의 삶을 잘 나타내는가? 자연인? 영적, 혹은 육적인 그리스도인? 아마 대부분의 사람들은 얼버무리면서 "글쎄요, 저는 주님이 제 안에 계신 것을 믿어요. 물론 모든 것의 주인은 아니시지만, 이런 부분과 저런 부분은 주님께 온전히 맡기는 편이에요"라는 식으로 말할 것이다. 그러나 성경은 네 번째 선택권을 우리에게 주지 않는다. 우리는 부분적으로 육적이거나 부분적으로 영적일 수 없다. 이 순간, 모든 면에서 예수님이 주인이시거나, 아니거나 둘 중 하나다. 만일 예수님이 지금 당신의 주인이 아니시라면, 당신의 삶의 보좌를 그분께 다시 내어 드리겠는가?
>
> 2. 하나님과 맺어야 할 관계에 대해 무관심하거나 거절해 왔는가? 오늘 당신의 깊은 갈증을 주님 앞에 인정하고 그 갈증을 씻어 달라고 나아가겠는가? 혹시 당신의 갈증을 채우기 위해 당신 자신의 우물을 파려고 애써 오진 않았는가?
>
> 3. 하나님과 당신의 교제를 단절시킨 죄는 무엇인가? 하나님께 어떤 죄를 고백하고 회개해야 할까? 하나님과 긴 시간을 함께 보내면서, 당신의 어떤 부분이 잘못되었는지 보여 달라고 성령께 구하고, 하나님의 용서를 힘입어 다시 충만하게 해 달라고 간구하자.
>
> 4. 하나님이 원하시는 삶을 살기 위해 하나님의 능력을 구해야 할 삶의 영역은 어디인가? 어느 부분에서 당신은 믿음을 힘입어 나아가야 하는가? 당신이 섬겨야 할 사람은 누구인가? 하나님께 받은 은사를 어떻게 사용해야 하는가?

session 8

> **암송 카드 4번, '성령님'을 암송하라.**
> 이 말씀에 담긴 진리를 마음에 담고, 주님께서 그것을 통해 당신을 세우시고, 더 나아가 당신을 통해 다른 사람들까지 세우실 것을 기대하라.

Q 토의

1. 불완전하지만 성령 충만한 삶을 사는 그리스도인과 자기중심적인 방식으로 살아가는 육적인 그리스도인 사이의 경계선은 무엇일까?

2. 어떤 기독교 지도자들은 성도들의 95%가 세상이 주는 즐거움을 버리지 못하고 있다고 말한다. 우리가 생각해 보아야 할 질문은 "왜?"다. 하나님이 원하시는 최선에 미치지 못하는 영적 생활에 안주해버리기가 왜 그렇게 쉬운지 그룹에서 토론해 보자.

3. 당신의 삶에서 하나님의 크신 능력이 가장 필요한 영역을 꼽으라면 어디라고 말하겠는가?

4. 당신의 성격 중 하나님께서 개발해 주셨으면 하는 부분은 무엇인가?

5. 성령 충만은 어떤 느낌인가? 당신은 성령 충만할 때 주로 어떤 생각을 하게 되는가?

6. 성령 충만은 하나님께서 당신에게 행하시는 것이라고 배웠다. 그렇다면 성령 충만을 받는 데 있어 당신이 할 일은 무엇인가? 끊임없이 성령 충만하기 위해 당장 내일 할 수 있는 간단한 일을 하나 계획해 보자.

성령 II ● 113

성령 II

7. 예수를 믿는 우리는 우리 자신의 힘으로 하나님이 바라시는 삶을 살 수 없다. 우리는 매일 성령의 능력과 충만을 받아야 한다. 따라서 다른 형제들의 동일한 필요를 알고 서로를 위해기도해 주는 것도 그들을 섬기는 좋은 방법이 될 것이다. 모임을 마치기 전에 성령 충만을 위해 각 사람이 결심한 일을 목록으로 만들어 보자. 그리고 작은 카드에 적어 서로를 위해 기도해 주자.

기도 카드의 예 :

지속적인 성령 충만을 위한 우리의 결심

- 김준권 : 매일 경건의 시간을 갖는다.
- 서충석 : 하나님이 이미 모든 죄를 용서하셨음을 기억한다.
- 한하은 : 어떤 일이든 시작하기 전에 하나님을 생각한다.
- 김회근 : 가족을 위해 기도하는 시간을 갖는다.
- 이득진 : 하나님이 원하시는 일에 순종한다.
- 이채홍 : 직장 동료들을 예수님이 사랑하신 사랑으로 품는다.

참고 도서 | 빌 브라이트, 『능력 있는 삶과 성령』(순출판사 역간)
빌리 그레이엄, 『성령』(보이스 역간)
존 스토트, 『성령 세례와 충만』(IVP 역간)
찰스 R. 스윈돌, 『성령의 불꽃에로 더 가까이』(서로사랑 역간)

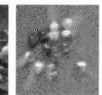

A 빈 칸에 알맞은 단어

자연인
영에 속한
육신에 속한
모두가
반복적
우리

명령
갈증
회개
전부
신뢰하라

 **9장 창조 I**
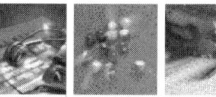

 밭 갈기 세상과 그 속의 모든 것이 인격적 하나님의 인격적 손길에 의해 창조되었음을 확신한다.

생명이 어디에서 시작되었는지 아는 것은 우리의 정체성과 인생관에 매우 깊게 관련되어 있다. 당신이 어디로부터 왔는지 확신을 갖는 것은 다음 사항들에 영향을 미치게 된다.

- _____
- 다른 사람들과의 _____
- 하나님을 보는 _____

이번 장에서는 세 가지 질문의 답을 찾아볼 것이다. 질문 자체는 간단하지만, 그 질문에 답하면서 하나님이 누구신지, 우리가 누구인지, 우리가 왜 여기 있는지에 대해 알게 될 것이다. 세 가지 질문은 다음과 같다.

1. 하나님은 왜 창조하셨는가?
2. 하나님은 어떻게 창조하셨는가?
3. 하나님은 언제 창조하셨는가?

하나님은 왜 창조하셨는가?

1. _____ 자신을 위해 창조하셨다.

"여호와의 영광이 영원히 계속할지며 여호와는 자신께서 행하시는 일들로 말미암아 즐거워하시리로다" (시편 104:31)

"…만물이 다 그로 말미암고 그를 위하여 창조되었고" (골로새서 1:16)

창조 I

2. 하나님의 _____ 을 드러내기 위해 창조하셨다.

"하늘이 주의 것이요 땅도 주의 것이라 세계와 그 중에 충만한 것을 주께서 건설하셨나이다"(시편 89:11)

"땅과 거기에 충만한 것과 세계와 그 가운데에 사는 자들은 다 여호와의 것이로다"(시편 24:1)

3. 하나님의 _____ 을 보이기 위해 창조하셨다.

"하늘이 하나님의 영광을 선포하고 궁창이 그의 손으로 하신 일을 나타내는도다 날은 날에게 말하고 밤은 밤에게 지식을 전하니"(시편 19:1, 2)

"창세로부터 그의 보이지 아니하는 것들 곧 그의 영원하신 능력과 신성이 그가 만드신 만물에 분명히 보여 알려졌나니 그러므로 그들이 핑계하지 못할지니라"(로마서 1:20)

 집중 탐구

하나님의 창조물들이 하나님의 성품을 표현하고 있다는 구절들은 성경에 가득하다. 이번 주 중에 시간을 내서 아래 구절들을 읽어 보자.
느헤미야 9:5, 6; 이사야 43:7; 51:12, 13, 16; 로마서 1:20; 고린도후서 4:6; 아모스 4:13; 시편 8:1, 3; 19:1~4; 104:24, 30~32

4. 하나님의 _____ 를 보여 주기 위해 창조하셨다.

"여호와여 주께서 하신 일이 어찌 그리 많은지요 주께서 지혜로 그들을 다 지으셨으니 주께서 지으신 것들이 땅에 가득하니이다"(시편 104:24)

"여호와께서는 지혜로 땅에 터를 놓으셨으며 명철로 하늘을 견고히 세우셨고"(잠언 3:19)

하나님은 어떻게 창조하셨는가?

"하나님이 이르시되 빛이 있으라 하시매 빛이 있었고"(창세기 1:3)

생명의 기원에 대한 견해는 다음과 같이 크게 세 가지로 나뉜다.

진화론

이것은 "창조"에 대한 견해가 아니다. 진화론에는 창조자가 없다. 간단히 말해서, 우연한 자연적 과정을 통해 최초의 생명 물질(단세포)로부터 종(種)이 진화하기 시작했다는 것이다.

많은 사람들이 진화가 과학적으로 증명되었다고 믿고 있으며, 따라서 창조에 대한 성경 기사는 허위라는 인식을 가지고 있다.

생명의 기원에 관한 이론을 _____으로 증명하는 것은 불가능하다. 왜냐하면 과학적 방법은 _____ 과 _____ 에 근거하는데, 우주의 기원을 관찰하거나 실험하는 것은 불가능하기 때문이다.

진화론의 문제점

1. 하나님이 창조에서 배제된다.

다윈은 진화의 과학적 개념에 하나님이 개입하는 것을 거부했다. 그는 다음과 같이 말했다.

창조 I

"만일 자연선택 과정의 어느 한 단계에서라도 기적적인 개입이 필요하다면, 나는 차라리 자연선택 이론을 버리고 말 것이다."[1]

2. _____ 에 의한 진화의 가능성

DNA 분자 구조의 공동 발견자인 프랜시스 크릭은 이렇게 썼다.

"이것은 쉬운 조합 문제다. 한 사슬이 200개 정도의 아미노산으로 되어 있다고 하자. 이것은 평균 단백질의 길이보다 상당히 짧은 것이다. 각 아미노산마다 20개의 가능한 경우가 있으므로, 전체 경우의 수는 20의 200승이 된다. 이것을 간단히 20^{200}라고 쓸 수 있는데, 0이 260개나 붙는 것이다.
이 수치는 상식적으로 불가능한 확률이다. 비교하기 위해서, 10^{11}개의 별들이 있는 우리 은하계뿐 아니라, 우주의 관찰 가능한 수십억 개의 은하계의 기본 입자들(원자들만 대충)의 수를 생각해 보자. 그렇게 엄청난 별들의 숫자도 10^{80}으로 추산되고 있다. 10^{260}에 비하면 하찮은 숫자인 것이다. 더구나 우리가 계산해 본 아미노산 사슬은 상당히 짧은 폴리펩티드 사슬이었다. 더 긴 사슬로 계산해 보았다면, 그 수치는 엄청났을 것이다."[2]

다른 사람들은 더 간단하게 이렇게 말했다.

"존재했거나 현재 존재하고 있는 모든 생명체가 우연히 진화된 것이라고 믿기 위해서는 엄청난 믿음이 필요할 것이다."[3]

---

1) R.E.D. Clark, Darwin : *Before and After* (London:Paternoster, 1948), 86.
2) Francis Crick, *Life Itself, Its Origin and Nature* (New York:Simon and Schuster, 1981), 51-52.
3) 찰스 라이리, 『평신도 신학 입문』(두란노 역간)

"생명의 기원에 대해 현대인들이 믿고 있는 진화의 시나리오는 허리케인이 고철 더미를 지나간 후에 보잉747기가 조립되었다는 것만큼 가능성 없는 이야기다."[4]

3. 종간(種間) 진화의 증거 부재

찰스 다윈은 결국 자신의 이론에 근거가 불충분하다는 것을 자신의 글을 통해 인정했다.

"한 종에서 다른 종으로 변화된 증거가 한 건도 없다. …우리는 단 한 종이라도 진화했음을 입증할 수가 없다."[5]

성경은 하나님께서 각 동물을 "각기 종류대로" 만드셨다고 말씀한다. 이것은 화석 증거만이 아니라, 현대의 과학적 관찰과 실험으로도 쉽게 증명된다. 학자들은 새로운 품종의 동식물을 성공적으로 개발해냈지만, 한 종을 다른 종으로 바꾸지는 못했다.

"다윈 이후 120여 년의 시간이 흘렀고, 화석 증거에 대한 지식도 크게 확대되었다. 그러나 아이러니한 것은 다윈 시대보다 지금 진화의 증거를 찾아보기 힘들다는 것이다. 즉 다윈이 주장한 진화의 사례 중 일부, 가령 북미 대륙에서의 말의 진화 등의 연구 사례가 현대에 와서는 오류였음이 드러나거나 수정되어야 했던 것이다."[6]

---

4) Fred Hoyle, *The Intelligent Universe* (New York:Holt, Rinehart and Winston, 1983), 19.
5) Francis Darwin, *Life and Letters of Charles Darwin* (New York:Basic Books, 1959), 1:210.
6) David Raup, "Conflicts Between Darwin and Paleontology," *Field Museum of Natural History Bulletin* 30, no.1 (1979):25.

4. 엄청나게 _____ 생명체

"생명체는 너무나도 복잡하여, 모든 상호 작용이 완전하게 이루어져야 하고 단 한 부분이라도 제거되면 효과적으로 기능할 수 없게 된다. …축소할 수 없는 이 복잡한 생태계로 인해 다윈의 진화론은 논리력을 잃을 수밖에 없다."[7]

유신론적 진화론

유신론적 진화론은 하나님께서 진화의 과정을 통해 만물을 창조하셨다는 개념이다.
과학적 논리와 성경을 모두 믿고 싶어 하는 사람들이 이 이론에 빠져 들기 쉽다. 하지만 유신론적 진화론에는 몇 가지 심각한 문제점이 있다.

1. 성경은 하나님께서 창조의 전 과정에 친밀하고 적극적으로 _____ 하셨다고 묘사한다.

"하늘이 하나님의 영광을 선포하고 궁창이 그 손으로 하신 일을 나타내는도다"(시편 19:1)

"오직 주는 여호와시라 하늘과 하늘들의 하늘과 일월 성신과 땅과 땅 위의 만물과 바다와 그 가운데 모든 것을 지으시고 다 보존하시오니 모든 천군이 주께 경배하나이다"(느헤미야 9:6)

"여호와의 말씀으로 하늘이 지음이 되었으며 그 만상을 그의 입 기운으로 이루었도다 …그가 말씀하시매 이루어졌으며 명령하시매 견고히 섰도다"(시편 33:6, 9)

---

7) 마이클 베히, 『다윈의 블랙박스』(풀빛 역간)

session 9

"유신론적 진화론의 문제는… 창조가 우연히 이루어졌다고 주장한다는 데 있다. 그것은 네모난 원과 같이 모순이다. 그런 것은 없다. 진화와 창조를 섞는 것은 사각 못을 원형 구멍에 넣는 것과 마찬가지다. 들어맞지 않는다."[8]

2. 창세기 1~11장을 _____ 으로 보지 않고 _____ 으로 본다.

"성경은 창세기에 그 기초를 두고 있다. 창세기라는 말은 '시작'이라는 뜻을 담고 있다. 창세기는 우주, 태양계, 지구, 생명, 사람, 죄, 이스라엘, 민족들, 구원의 시작을 이야기하는 것이다. 창세기를 이해해야만 나머지 성경을 이해할 수 있다.

예를 들어, 창세기 1~11장의 내용은 신약에서만 100회 이상 인용되거나 언급된다. 이 부분은 역사적인 사실이 맞는지에 대해 논란이 되는 부분인데, 1~11장의 모든 부분이 신약 성경에서 언급되고 있다. 신약 성경의 모든 저자들이 창세기 1~11장을 언급했다…

어떻게 이 열한 장의 내용이 창세기의 나머지 부분들과 분리될 수 있을까? 아브라함이 살았던 연대는 고고학으로 입증되었으며, 창세기에서 아브라함과 관련하여 언급된 장소들, 관습들, 종교들은 정확한 역사적 사실이다. 아브라함의 이야기는 창세기 12장에서 시작된다. 만일 창세기 1장은 신화고 12장부터 역사라면, 이 열한 장 중 어디까지 허구이고 어디까지 진실인 것일까? 창세기 전체는 동일한 역사적 서술체로 씌어졌다."[9]

3. 하나님의 _____ 과 하나님의 _____ 에 동일한 지위를 부여한다.

"하늘이 하나님의 영광을 선포"하긴 하지만, 성경처럼 충실하고 분명하

---

8) Gregory Koukl, *Michael Behe's Theistic Evolution*, transcript of Stand to Reason Radio, 24 December 1997, accessed 1 February 2003 at www.str.org.
9) Dr. Ray Bohlin, *Why we Believe in Creation*, Accessed 1 February 2003 at www.probe.org.

창조 I

게 계시하지는 않는다.

"풀은 마르고 꽃은 시드나 우리 하나님의 말씀은 영원히 서리라 하라"(이사야 40:8)

"천지는 없어질지언정 내 말은 없어지지 아니하리라"(마태복음 24:35)

초자연적 창조론

하나님은 친히 초자연적으로 하늘과 땅을 창조하셨다.
이것은 과학적인 증거를 통해서도 증명할 수 있지만, 궁극적으로는 믿음의 문제다.

1. 과학은 우리에게 빅뱅을 보여 주지만, 하나님이 "빛이 있으라"고 말씀하셨다고 인정하는 데에는 믿음이 필요하다.

    과학은 창조주의 존재를 드러내는 학문이다.

    • 1992년 5월 4일자 〈타임〉지는 나사의 우주배경복사탐사위성(COBE)이 빅뱅으로 알려진, 초기 폭발로 우주가 시작되었다는 획기적 증거를 발견했다고 보도했다. "신앙이 있는 사람이라면, 그 증거가 마치 하나님을 보는 것 같았을 것입니다"라고 조사 팀의 리더인 조지 스무트가 말했다.[10]

    그러나 우리는 "오직 믿음"으로 창조주의 존재를 깨닫는다.

---

10) Michael D. Lemonick, "Echoes of the Big Bang," *Time*, (4 May 1992), 62.

session 9

- 성경은 창세기 1장 3절에서 "하나님이 가라사대 빛이 있으라 하시매 빛이 있었고"라고 말씀한다.

2. 과학은 우리에게 우주가 얼마나 완벽한 구조를 가지고 있는지 보여주지만, 그 우주를 친히 창조하신 하나님을 아는 데에는 믿음이 필요하다.

   과학은 창조자의 존재를 드러내는 학문이다.

- 1998년 7월 20일자 〈뉴스위크〉지의 한 기사는 "과학이 하나님을 발견하다"라는 제목을 달았다.

   "물리학자들은 우주가 생명과 지적 존재를 위해 만들어졌다는 증거를 뜻하지 않게 때때로 접하게 된다. 자연에 존재하는 상수들, 가령 중력 상수, 전자의 전하량, 양성자의 질량이 조금이라도 달랐다면, 원자들은 결합 상태를 유지하지 못할 것이고, 별들은 연소하지 않을 것이고, 생명은 결코 나타나지 못했을 것이다. 케임브리지 대학교에서 물리학자로서 명성을 날리다가 1982년에 성공회 성직자가 된 존 폴킹혼은 '우리가 보는 우주가 정말 믿을 수 없을 만큼 정교하게 돌아가고 있다는 것을 깨닫는다면, 우주는 저절로 생기지 않았고, 만들어진 목적이 분명히 존재한다는 것을 깨달을 수밖에 없다'라고 말했다. 레이저를 발견하여 1964년에 노벨 물리학상을 수상한 찰스 타운스는 이렇게 이야기했다. '어떤 지적인 존재가 우주 법칙을 다스리고 있다는 것은 많은 사람들이 느낄 수밖에 없는 사실이다.'"[11]

   그러나 우리는 "오직 믿음"으로 창조주의 존재를 깨닫는다.

---

10) Michael D. Lemonick, "Echoes of the Big Bang," *Time*, (4 May 1992), 62.
11) Sharon Begley, "Science Finds God," *Newsweek* (20 July 1998):46–51.

창조 I

- 성경은 창세기 1장 1절에서 "태초에 하나님이 천지를 창조하시니라"라고 말씀한다.

"폭발로 인한 우주 탄생을 논리적으로 설명할 수도 있을 것이다. 그렇다 하더라도 과학은 그 논리를 발견하지 못한다. 과학자들이 아무리 우주의 역사를 추적해 나간다 해도 그 연구는 창조의 순간까지밖에 진행될 수 없다. 창조는 신학자들 외에는 아무도 생각해낼 수 없는 너무 신비한 전개다. 신학자들은 성경 말씀을 근거로 주장해 왔다. 바로 태초에 하나님이 천지를 창조하셨다는 말씀이다. …이성의 힘을 믿으며 살아 온 과학자들에게, 그것은 악몽과도 같은 결말이다. 과학자가 무지의 산들을 오른 후, 가장 높은 봉우리를 막 정복하기 위해 마지막 바위를 오른 순간, 이미 여러 세기 동안 거기 앉아 있던 신학자들의 무리가 이제 오느냐고 환영하는 셈이니 말이다."[12]

-로버트 재스트로, 나사의 고다드 우주 연구소 설립자

하나님은 언제 창조하셨는가?

1. 모든 진화론자들은 지구가 _____ 이 되었다고 믿는다.
2. 창조론자들은 양분된다. 대부분은 _____지구론을 믿지만, _____지구론을 믿는 사람들도 있다.

이 두 가지 견해의 논쟁점은 창세기 1장의 "하루"라는 단어의 번역에 있다. 히브리어로 '욤'이라는 이 단어의 의미는 다음 세 가지로 풀어 볼 수 있다.
   1. 구약에서 가장 흔한 용례인 24시간
   2. 우리가 알 수 없는 기간
   3. 한 시대

---

12) Robert Jastrow, *God and the Astronomers*, 2d ed. (New York:W.W. Norton, 1992), 106-7.

session 9

> **집중 탐구** | **두 가지 질문**
>
> 1. 성경은 하나님께서 불과 6일 만에 세상을 창조하셨다고 말씀하는데, 어떻게 일부 과학자들은 지구가 수십억 년이 되었다고 주장할 수 있는가?
>   창세기 1장에 명시된 이 "하루"가 수백만 년을 나타낸다고 주장하거나, 창조의 날들 사이에 큰 시간차가 있었다고 주장하는 사람들도 있다.
>
> 2. 그러나 어떤 과학자들은 과학적 증거를 무시하고, 지구가 수천 년밖에 되지 않았다고 주장한다.
>   그들은 하나님이 우주를 완전한 순서대로 창조하셨다고 믿는다. 그들은 천지창조 (그리고 대홍수로 인한 대격변) 때문에 방사능 연대 측정, 지구 자기장, 석유 가스 매장량, 지구 회전 등을 통해 추론해내는 연대표가 늘 부정확할 수밖에 없는 것이라고 주장한다.

하나님께서 언제 창조하셨는가에 관련된 중요한 신학적 질문은 "언제부터 사람들이 죄를 짓고 죽음에 이르게 되었는가?"이다.
아담이 죄를 지어 창조 세계에 사망과 타락을 불렀다고 성경은 말씀한다.

> "그러므로 한 사람으로 말미암아 죄가 세상에 들어오고 죄로 말미암아 사망이 들어왔나니 이와 같이 모든 사람이 죄를 지었으므로 사망이 모든 사람에게 이르렀느니라"(로마서 5:12)

로마서 8장 20절에서는 아담의 죄 때문에 모든 피조물들이 고통을 겪는다고 말씀한다. 우리의 죄가 모든 피조물들을 오염시켰다.

창조 | ● 127

창조 I

예수님께서 우리에게 주시는 구원은 아담의 범죄라는 역사적 사실 때문이라고 신약 성경에서 말씀한다.

> "사망이 한 사람으로 말미암았으니 죽은 자의 부활도 한 사람으로 말미암는도다 아담 안에서 모든 사람이 죽은 것같이 그리스도 안에서 모든 사람이 삶을 얻으리라"(고린도전서 15:21, 22)

그래서 아담과 하와의 범죄 전에 인간이 사망했다던지 피조물이 타락했다는 창조 개념이 있다면 하나님 말씀의 분명한 가르침에 위배되는 것이다.

말씀을 삶 속으로

1. 누가 당신과 세상을 만들었는지에 대해 확신이 서는가? 하나님께서 자신에 대해 말씀하신 것을 믿겠는가? 그리고 하나님의 말씀이 당신의 생활을 다스리시게 하겠는가?

2. 하나님께서 당신을 창조하셨기 때문에 당신이 하나님께 소중한 존재라는 사실을 다시금 기억하게 되었는가? (혹은 처음으로 믿게 되었는가?)

3. 우리가 보는 모든 것을 하나님께서 인격적으로 창조하셨다는 진리를 주장하는 사람들의 편에 서기로 헌신하겠는가?

4. 이번 한 주 동안 하나님의 전능하신 일들에 대해 하나님을 찬양하고 경배하라. 걷거나 차를 탈 때, 당신이 보는 아름다움을 즐기라. 일을 할 때, 하나님께서 당신에게 주신 능력을 즐기라. 다른 사람들과 시간을 보낼 때, 하나님께서 각 사람을 얼마나 고유하고 훌륭하게 만드셨는지 즐기라.

암송 카드 5번, '창조'를 암송하라.

창조 I

Q 토의

1. 창조에 대해 공부를 시작할 때, "당신이 어디로부터 왔는지 확신을 갖는 것은 당신의 자아상, 관계, 하나님을 보는 관점에 영향을 미친다"고 말했다. 하나님을 우리의 창조주로 믿음으로써 당신 자신의 정체성에 대한 생각이나 이 세상을 향한 일상적인 생각에 어떤 영향을 미친다고 생각하는가?

2. 하나님의 창조에서 가장 놀라운 점은 무엇인가?

3. 어떻게 하면 우리가 과학적인 지식으로 무장하고 창조론에 대해 토론할 수 있을까? 우리가 과학적 증거들을 외면하는 것이 아니라, 다르게 볼 뿐이라는 것을 다른 사람들에게 표현할 수 있는 방법에는 어떤 것이 있을까?

4. 당신은 복잡한 생태계가 완전하게 돌아가고 있다는 사실이나 화석 증거 등에 대한 토론을 좋아하는 편인가, 아니면 지루해서 눈물이 날 지경인가? 왜 어떤 사람들은 이런 것을 연구하는 것을 좋아하고, 또 어떤 사람들은 그러지 않고도 잘 살고 있는 것일까? 이런 면에서 이 두 부류의 사람들은 어떻게 다른 것일까?

5. 하나님이 창조주이시고 하나님의 말씀이 진화론보다 신뢰할 만하다는 확신을 삶 속에 드러내기 위해 할 수 있는 작은 일에는 어떤 것이 있을까? 당신이 살고 있는 지역 사회에서? 혹은 다른 성도들과 있을 때? 당신의 가정에서?

session 9

 빈 칸에 알맞은 단어

자아상
관계
관점
하나님
주권
성품
지혜
과학적, 관찰, 실험

우연
복잡한
개입
역사적, 문학적
창조물, 말씀
수십억 년
젊은, 오래된

창조 | ● 131

10장 창조 II

 **밭 갈기** | 하나님을 당신의 창조주로 예배하고 순종하기 위한 든든한 기초를 세운다.

삶의 기초가 되는 창조의 일곱 가지 진리

하나님은 모든 것을 _____에서 창조하셨다

"믿음으로 모든 세계가 하나님의 말씀으로 지어진 줄을 우리가 아나니 보이는 것은 나타난 것으로 말미암아 된 것이 아니니라"(히브리서 11:3)

"하나님이 이르시되 빛이 있으라 하시니 빛이 있었고"(창세기 1:3)

하나님의 말씀만으로 창조가 시작되었다.
이번 한 주 동안, 하나님이 창조하심에 감격하며 생활하라.

창조는 적절한 _____대로 되었다

"하나님이 이르시되 빛이 있으라 하시니 빛이 있었고 …하나님이 궁창을 하늘이라 부르시니라 …천하의 물이 한 곳으로 모이고 뭍이 드러나라… 땅은… 씨 가진 열매 맺는 나무를 내라 하시니 … 땅이 풀과 각기 종류대로 씨 맺는 채소와 각기 종류대로 씨 가진 열매 맺는 나무를 내니… 하늘의 궁창에 광명체들이 있어 낮과 밤을 나뉘게 하고 그것들로 징조와 계절과 날과 해를 이루게 하라 …물들은 생물을 번성하게 하라 땅 위 하늘의 궁창에는 새가 날으라 …땅은 생물을 그 종류대로 내되… 우리의 형상을 따라 우리의 모양대로 우리가 사람을 만들고"(창세기 1:3~26)

- 진화론자들도 자연이 질서를 가지고 움직인다는 사실을 인정한다.
- 진화는 혼란 속에서 질서가 발생했다는 개념이다.

창조 II

- 반대로 성경은 의도적으로 질서가 세워졌다고 가르친다.

이번 한 주 동안, 하나님은 창조 세계에 대한 계획을 갖고 계시다는 것을 기억하라.

하나님이 보시기에 _____

"빛이 하나님이 보시기에 좋았더라 하나님이 빛과 어둠을 나누사"(창세기 1:4)

"하나님이 뭍을 땅이라 부르시고 모인 물을 바다라 부르시니 하나님이 보시기에 좋았더라"(창세기 1:10)

"땅이 풀과 각기 종류대로 씨 맺는 채소와 각기 종류대로 씨 가진 열매 맺는 나무를 내라 하시니 하나님이 보시기에 좋았더라"(창세기 1:12)

"낮과 밤을 주관하게 하시고 빛과 어둠을 나뉘게 하시니 하나님이 보시기에 좋았더라"(창세기 1:18)

"하나님이 큰 바다 짐승들과 물에서 번성하여 움직이는 모든 생물을 그 종류대로, 날개 있는 모든 새를 그 종류대로 창조하시니 하나님이 보시기에 좋았더라"(창세기 1:21)

"하나님이 땅의 짐승을 그 종류대로, 가축을 그 종류대로, 땅에 기는 모든 것을 그 종류대로 만드시니 하나님이 보시기에 좋았더라"(창세기 1:25)

"하나님이 지으신 모든 것을 보시니 보시기에 심히 좋았더라 저녁이 되고 아침이 되니 이는 여섯째 날이니라"(창세기 1:31)

session 10

- 하나님의 창조물은 악하지 않다. 세상이 사람들을 악하게 만든 것도 아니다. 사람들이 세상에 악을 들여온 것이다.

- 세상 것이 악하다는 선입견을 버리라.

  "…모든 것을 후히 주사 누리게 하시는 하나님…"(디모데전서 6:17)

이번 한 주 동안 하나님이 창조하신 세계를 즐기라.

사람은 창조의 _____ 다

하나님은 어떻게 사람을 창조하셨는가?

"여호와 하나님이 흙으로 사람을 지으시고 생기를 그 코에 불어넣으시니 사람이 생령이 되니라"(창세기 2:7)

"여호와 하나님이 아담을 깊이 잠들게 하시니 잠들매 그가 그 갈빗대 하나를 취하고 살로 대신 채우시고 여호와 하나님이 아담에게서 취하신 그 갈빗대로 여자를 만드시고 그를 아담에게로 이끌어 오시니"(창세기 2:21, 22)

하나님의 형상대로 창조되었다는 것은 무슨 의미인가?

1. 우리의 _____ : 지성, 의지, 정서

2. 우리의 _____ : 남자와 여자로 창조되었다.

   "하나님이 자기 형상 곧 하나님의 형상대로 사람을 창조하시되 남자와 여자를 창조하시고"(창세기 1:27)

창조 II • 135

창조 II

> **집중 탐구**
>
> 모든 인간이 하나님의 형상대로 만들어졌으므로 _____와 _____, 모든 _____이 똑같이 가치 있다.
>
> > "인류의 모든 족속을 한 혈통으로 만드사 온 땅에 거하게 하시고 저희의 년대를 정하시며 거주의 경계를 한하셨으니 이는 사람으로 하나님을 혹 더듬어 찾아 발견케 하려 하심이로되 그는 우리 각 사람에게서 멀리 떠나 계시지 아니하도다 우리가 그를 힘입어 살며 기동하며 있느니라…"(사도행전 17:26~28)

3. 우리의 _____ : 도덕적 의식을 지닌 도덕적 존재로 창조되었다

    "이에 그들의 눈이 밝아져 자기들이 벗은 줄을 알고 무화과나무 잎을 엮어 치마로 삼았더라"(창세기 3:7).

    "이것으로 말미암아 나도 하나님과 사람에 대하여 항상 양심에 거리낌이 없기를 힘쓰노라"(사도행전 24:16)

도덕적 본성에는 선택의 자유 및 선택에 대한 책임도 포함된다.

4. 우리의 _____ : 하나님과 관계를 맺을 수 있는 능력을 가지고 창조되었다.

    "그뿐 아니라 이제 우리로 화목하게 하신 우리 주 예수 그리스도로 말미암아 하나님 안에서 또한 즐거워하느니라"(로마서 5:11)

이번 한 주 동안 당신이 하나님의 형상대로 만들어졌다는 사실에 매일, 그리고 하루 종일 집중하라.

session 10

하나님은 일을 _____

"천지와 만물이 다 이루어지니라"(창세기 2:1)

"…세상을 창조할 때부터 그 일이 이루어졌느니라"(히브리서 4:3)

- 이 우주는 상당히 거대한 조화로 완료되었다.
- 이 지구와 우주는 작업 중인 상태가 아니다.
- 우주는 창조가 완료된 작품이며 인간이 들여온 죄로 인해 훼손되었다.

이번 한 주 동안, 죄로 망가진 창조물들을 하나님께서 회복시키실 것을 소망하라.

하나님은 일곱째 날에 _____ 하셨다.

"하나님이 그가 하시던 일을 일곱째 날에 마치시니 그가 하시던 모든 일을 그치고 일곱째 날에 안식하시니라 하나님이 그 일곱째 날을 복 되게 하사 거룩하게 하셨으니 이는 하나님이 그 창조하시며 만드시던 모든 일을 마치시고 그 날에 안식하셨음이니라"(창세기 2:2, 3)

하나님은 왜 안식하셨는가?

- 우리에게 _____이 되시기 위해

"엿새 동안은 힘써 네 모든 일을 행할 것이나 일곱째 날은 네 하나님 여호와의 안식일인즉… 이는 엿새 동안에 나 여호와가 하늘과 땅과 바다와 그 가운데 모든 것을 만들고 일곱째 날에 쉬었음이라…"(출애굽기 20:9~11)

창조 II • 137

창조 II

- 하나님의 계획을 보여 주시기 위해

    "그런즉 안식할 때가 하나님의 백성에게 남아 있도다 이미 그의 안식에 들어간 자는 하나님이 자기의 일을 쉬심과 같이 그도 자기의 일을 쉬느니라 그러므로 우리가 저 안식에 들어가기를 힘쓸지니…"(히브리서 4:9~11)

이번 주일에는, 예배하며 안식하는 하루를 보내라.

하나님은 자신이 만드신 모든 것을 다스리신다

"또한 그가 만물보다 먼저 계시고 만물이 그 안에 함께 섰느니라"
(골로새서 1:17)

하나님께서 창조물들을 직접 돌보고 다스리시는 것을 하나님의 '섭리'라고 한다. 하나님께서 모든 것들을 만드시고 나서 알아서 돌아가도록 놔두셨다고 생각하지 마라. 하나님이 창조 세계를 친히 섬세하게 이끌어 가고 계신다는 말씀만도 성경 전체에 수백 개는 된다.
아주 작은 이슬방울에서부터 거대한 나라들에 이르기까지, 하나님이 모든 것들을 다스리신다.

"…이슬방울은 누가 낳았느냐"(욥기 38:28)

"하나님이 뭇 백성을 다스리시며 하나님이 그의 거룩한 보좌에 앉으셨도다"(시편 47:8)

우주를 돌보시는 하나님이 매일 당신을 돌보고 계심을 이번 한 주 동안 기억하라.

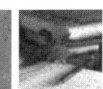

session 10

> **집중 탐구** | **창조주 하나님을 찬양하자**
>
> "주 하나님 지으신 모든 세계 내 마음 속에 그리어 볼 때"
>
> > "큰 빛들을 지으신 이에게 감사하라 그 인자하심이 영원함이로다 해로 낮을 주관하게 하신 이에게 감사하라 그 인자하심이 영원함이로다 달과 별들로 밤을 주관하게 하신 이에게 감사하라 그 인자하심이 영원함이로다 …모든 육체에게 먹을 것을 주신 이에게 감사하라 그 인자하심이 영원함이로다"(시편 136:7~9, 25)
>
> "하늘의 별 울려 퍼지는 뇌성 주님의 권능 우주에 찼네"
>
> > "오라 우리가 굽혀 경배하며 우리를 지으신 여호와 앞에 무릎을 꿇자 그는 우리의 하나님이시요 우리는 그의 기르시는 백성이며 그 손이 돌보시는 양이기 때문이라 너희가 오늘 그의 음성을 듣거든"(시편 95:6, 7)
>
> "주님의 높고 위대하심을 내 영혼이 찬양하네"
>
> > "내가 주께 감사하옴은 나를 지으심이 기묘하심이라 주께서 하시는 일이 기이함을 내 영혼이 잘 아나이다"(시편 139:14)

암송 카드 5번, '창조'를 암송하라.
이 말씀을 가지고 당신이 얼마나 자주 사람들에게 하나님의 창조에 대해 이야기하게 될지 알게 된다면 매우 놀랄 것이다.

창조 II

Q 토의

1. 당신은 언제, 무엇을 보면서 하나님이 얼마나 창조적으로 세상을 지으셨는지 놀라게 되는가? 구체적으로 말해 보자.

2. 하나님의 창조물들은 창조주의 인격과 성품을 어떻게 드러내고 있는가? 예: 내가 별을 볼 때…, 바다를 볼 때…, 계곡을 볼 때 하나님의 성품은…

3. 하나님께서 창조자시라는 진리가 이 세상을 사는 우리에게 어떻게 튼튼한 기초가 되어 주는가?

4. 당신은 물질적인 것을 '좋게' 보는 편인가, 아니면 '악하게' 보는 편인가? 세상 속의 악의 존재를 아는 것과 물질적인 모든 것이 악하다고 보는 것의 차이를 토론해 보자.

5. 인류가 하나님의 형상대로 창조되었다는 사실에 대해 곰곰이 생각해 보고 어떤 느낌이 드는지 이야기해 보자.

6. 하나님이 안식하신 모습을 당신은 얼마나 잘 따르고 있는가? 하나님이 보여 주신 본을 따르기 위해 당신이 실천할 수 있는 한두 가지가 있다면?

참고 도서 | 켄 A. 햄, 『진화론은 새빨간 거짓말』(두루마리 역간)
 스콧 휴즈, 『진화론이 무너지고 있다』(에스라서원 역간)

session 10

 빈 칸에 알맞은 단어

무
순서
좋았더라
정수
인격
성
남자, 여자

민족
도덕성
영성
마치셨다
안식
본

암송 카드

1. 성경
성경은 하나님의 완전한 가이드 북이다.

2. 하나님
내가 상상하는 것보다 하나님은 더 크시고 더 좋으시고 더 가까이 계신다.

3. 예수님
예수님은 우리에게 자신을 보여 주신 하나님이시다.

4. 성령
이제 하나님은 내 안에 계시고 나를 통해 역사하신다.

5. 창조
저절로 된 것은 아무것도 없다. 하나님께서 모든 것을 창조하셨다.

6. 구원
은혜는 하나님과 관계를 맺는 유일한 방법이다.

7. 성화
믿음은 성도가 성장하는 유일한 방법이다.

8. 선과 악
하나님은 우리에게 선택권을 주시려고 악을 허용하셨다. 하나님은 악한 것을 통해서도 선을 이루신다. 그리고 하나님을 선택하는 자들에게는 악에 대한 승리를 약속하셨다.

9. 죽음, 그 후
천국과 지옥은 실재하는 장소들이다. 죽음은 끝이 아니라 시작이다.

10. 교회
세상을 바꾸는 진짜 힘은 교회에 있다.

11. 재림
이 세상을 심판하고 하나님의 자녀들을 모으시러 예수님은 다시 오신다.

"본 아버지께서 어떠한 사랑을 우리에게 주사 하나님의 자녀라 일컬음을 얻게 하셨는고 우리가 그러하도다 그러므로 세상이 우리를 알지 못함은 그를 알지 못함이라"(요한일서 3:1).

"모든 성경은 하나님의 감동으로 된 것으로 교훈과 책망과 바르게 함과 의로 교육하기에 유익하니"(디모데후서 3:16)

"오직 주는 여호와시라 하늘과 하늘들의 하늘과 일월성신과 땅과 바다와 그 가운데 모든 것을 지으시고 다 보존하시오니 모든 천군이 주께 경배하나이다"(느헤미야 9:6)

"술 취하지 말라 이는 방탕한 것이니 오직 성령의 충만을 받으라"(에베소서 5:18)

"그 안에는 신성의 모든 충만이 육체로 거하시고 너희도 그 안에서 충만하여졌으니 그는 모든 정사와 권세의 머리시라"(골로새서 2:9, 10)

"우리가 알거니와 하나님을 사랑하는 자 곧 그 뜻대로 부르심을 입은 자들에게는 모든 것이 합력하여 선을 이루느니라"(로마서 8:28)

"내가 그리스도와 함께 십자가에 못 박혔나니 그런즉 이제는 내가 산 것이 아니요 오직 내 안에 그리스도께서 사신 것이라 이제 내가 육체 가운데 사는 것은 나를 사랑하사 나를 위하여 자기 몸을 버리신 하나님의 아들을 믿는 믿음 안에서 사는 것이라"(갈라디아서 2:20)

"너희가 그 은혜를 인하여 믿음으로 말미암아 구원을 얻었나니 이것이 너희에게서 난 것이 아니요 하나님의 선물이라"(에베소서 2:8)

"우리가 알거니와 하나님을 사랑하는 자 곧 그 뜻대로 부르심을 입은 자에게는 모든 것이 합력하여 선을 이루느니라"(로마서 8:28)

"그러므로 너희 마음의 허리를 동이고 근신하여 예수 그리스도의 나타나실 때에 너희에게 가져올 은혜를 온전히 바랄지어다"(베드로전서 1:13)

"모이기를 폐하는 어떤 사람들의 습관과 같이 하지 말고 오직 권하여 그 날이 가까움을 볼수록 더욱 그리하자"(히브리서 10:25)

"위엣 것을 생각하고 땅엣 것을 생각지 말라"(골로새서 3:2)